EL PODER
TRANSFORMADOR
DEL EVANGELIO DE
JESUCRISTO

EL PODER

TRANSFORMADOR
DEL EVANGELIO DE

JESUCRISTO

HAROLD CABALLEROS

BUENOS AIRES - MIAMI - SAN JOSÉ - SANTIAGO

www.editorialpeniel.com

El poder transformador del evangelio de Jesucristo
Dr. Harold Caballeros

Publicado por:
Editorial Peniel
Boedo 25
Buenos Aires C1206AAA - Argentina
Tel. (54-11) 4981-6034 / 6178
e-mail: info@peniel.com.ar

www.editorialpeniel.com

Copyright © 2003 por Harold Caballeros
Todos los derechos reservados

Diseño de cubierta e interior: arte@peniel.com.ar

ISBN Nº 987-557-011-7

Edición Nº I Año 2004

Impreso en Colombia
Printed in Colombia

A Cecilia

Índice

Agradecimientos

Escribir un libro es el resultado de un peregrinaje intelectual. Un caminar en el cual se encuentran muchos colaboradores. A algunos de ellos solamente los conocemos a través de "otros libros". En mejores casos, tenemos la bendición de crear relaciones de amistad. Ese es el caso del libro que usted tiene en sus manos.

El camino de la transformación me ha llevado a "conocer" a muchas personas que han sido de gran bendición para mi vida y ministerio. De los que he tratado, resalta el Dr. Lawrence Harrison. Entre aquellos a quienes me resulta imposible conocer *ahora*, nunca olvidaré la deuda de gratitud e inspiración hacia Martín Lutero, Juan Knox y Juan Calvino, mis *héroes*.

He caminado por los últimos cuatro años buscando respuestas acerca de la necesidad, la pobreza y el subdesarrollo. He visto la bendición de Dios caer sobre nosotros como una lluvia fresca abundante en el campo espiritual. Pero mi córazón se duele de ver tanta necesidad en lo natural. He pedido a Dios respuestas que puedan modificar nuestro futuro y he llegado a entender que las respuestas han estado siempre con nosotros. El ciclo de bendición se repite una y otra vez en una manifestación de la infinita misericordia de Dios. El tema de la transformación no es algo nuevo. Ni siquiera es una invención moderna. Abundan los ejemplos, estudios y propuestas de transformación. Nosotros tomaremos una ruta que es por un lado la que proviene de nuestra convicción, y por el otro es el resultado de ese peregrinaje que mencionaba antes.

Este es el camino que Dios nos ha permitido caminar. Estamos agradecidos a Él, y estamos confiando y creyendo que su palabra nos guiará a toda verdad, a fin de ver la liberación de América Latina de las garras de la pobreza y el subdesarrollo, a través de la acción de la Iglesia de Jesucristo.

Me he servido de muchas fuentes; todas me han bendecido. Algunas están citadas directamente en el texto. Con otras, he mostrado mi aprecio colocándolas en una bibliografía de obras recomendadas.

Quiero hacerle una aclaración: me permití añadir letra negritas cada vez que he querido enfatizar una idea o un concepto. Tanto cuando se trata de versículos de la Palabra de Dios, como de alguna cita, o incluso de una declaración personal. Acostumbro subrayar los libros para poder volver sobre ellos en el futuro y poner especial importancia a lo subrayado. Lo que considero la esencia de lo leído. Eso traté de hacer con el énfasis añadido. Espero le sea de bendición.

Por último, quiero dejar plasmado acá mi agradecimiento a la congregación El Shaddai, que me presta su paciencia y sus oraciones en este camino que caminamos todos hacia la consecución de la visión: ver a Guatemala como una nueva Nación, salva, reformada y restaurada. En una palabra, una Guatemala *transformada*. Y muchísimas gracias a Karla de Noriega y Freddy Murphy, por su trabajo en la revisión, diagramación y preparación final de este proyecto. Que Dios los bendiga ricamente.

Harold Caballeros
Guatemala, 2002

L a década de los 1990 dejó a la Iglesia un legado de gran bendición a través de lo que se denominó "el Movimiento de Oración". Millones de creyentes fueron movilizados a orar por sus países y, por supuesto, creció la esperanza y la fe por ver cambios en las ciudades y naciones por las que se oraba.

Nacieron movimientos de oración e intercesión por todas partes del mundo. La Iglesia tuvo un cambio de paradigma y de ser un inofensivo observador, comenzó a convertirse en un militante agente de transformación, a través de la oración.

Los testimonios no se hicieron esperar. Nos hemos gozado en gran manera al oír los recuentos de victoria tras victoria, prácticamente en todos los continentes: leyes reformadas, acceso a predicar en lugares donde solía ser prohibido, autoridades públicas que reconocían la necesidad de Dios en sus ciudades y países... en fin, necesitaríamos escribir un libro completo (o varios) si quisiéramos documentar todos los reportes de oraciones contestadas.

Sin embargo, debemos advertir que dichos testimonios, por gloriosos que hayan sido, no responden a un orden preestablecido, ni reflejan una estrategia global. Mas bien se refieren a lo que los creyentes llaman la "guía del Espíritu" en cuanto a sus iniciativas de oración. Cada uno, en cada situación particular ha orado como le ha parecido mejor y por las causas por las cuales ha creído necesario hacerlo.

Nadie se atreve a discutir un tema tan subjetivo como la guía del Espíritu Santo. No dudo que todos hemos hecho nuestro mejor esfuerzo con la mejor de las intenciones, aunque pienso que, como dice la Palabra, el celo de Dios no es sustituto del conocimiento (ver Romanos 10:2). Nos hace falta entender un poco más acerca del plan total de Dios en cuanto al establecimiento de su Reino en esta Tierra. Igual de importante me parece el estudio sobre el fenómeno de los avivamientos y sus posibles consecuencias.

Hoy se habla en todo lugar del tema del avivamiento. Considero que este interés por el mover de Dios es totalmente positivo y sano. No obstante, no estoy tan seguro de que en realidad tengamos un consenso acerca de lo que significa "tener avivamiento". Para algunos, avivamiento es sinónimo de gozo, risa, llanto u otras manifestaciones. Aunque no discuto que estas manifestaciones son (e históricamente han sido) parte de las visitaciones del Espíritu, creo que distan mucho de ser el total de lo que Dios desea hacer a través de su visitación.

Si hablamos del avivamiento en términos de la "unción" deberemos también hablar de la Argentina. Es indiscutible que el "avivamiento argentino" ha sido uno de los fenómenos más conocidos de los años 90, siendo fuente enorme de inspiración, motivo de múltiples publicaciones y, sobre todo, fuente de inagotable publicidad. A lo mejor Dios permitió que el sonado avivamiento argentino llegara a ser tan famoso, para que la turbulenta situación nacional actual nos enseñara una lección. Por supuesto, esa lección estaría relacionada con la respuesta a la pregunta: ¿Qué sucedió en la Argentina? ¿Cómo podemos comprenderlo a la luz de la Palabra?

Si el país tuvo una visitación tan grande –durante más de quince años–, ¿cómo ha llegado a este nivel de convulsión social como la que atraviesa hoy? Si se trató de un avivamiento, ¿por qué no son visibles los cambios sociales beneficiosos que otros avivamientos sí produjeron?

Todas estas preguntas son válidas y, de hecho, usuales en la mayoría de reuniones de personas interesadas, tanto en el tema del avivamiento como en el tema de la transformación.

Si es indiscutible (como para mí lo es) que Dios ha visitado a la Argentina con un avivamiento hermoso, aun cuando ese mover de Dios no ha podido ser traducido en cambios sociales, ¿qué lecciones podemos obtener de lo que se ha hecho, o de lo que se ha dejado de hacer?

La situación de mi país no es muy diferente. Guatemala ha sido bendecida con una continua ola de evangelismo durante más de veinticinco años. ¿El resultado? Uno de los porcentajes más altos de creyentes nacidos de nuevo en todo el planeta. Sin embargo, seguimos padeciendo males sociales que aquejan a toda la población, justos e injustos por igual. Centro América tiene 32 millones de habitantes y 16 de ellos viven bajo el nivel de pobreza. Si hemos vivido un avivamiento, ¿en dónde están los resultados sociales?

Me parece que usted estará de acuerdo conmigo si le digo que pienso que el "cristianismo sin impacto social es similar a evangelismo sin discipulado". No creo que podamos esperar mucho (en lo que a cambios se refiere) de una persona que hace su declaración de fe en una cruzada evangelística, si su experiencia termina allí y no vuelve a tener contacto con los creyentes, ni se adhiere a una iglesia para continuar su crecimiento espiritual.

Si vamos a emprender un estudio sobre el poder transformador del Evangelio, se hace necesario que tratemos con el tema de nuestra responsabilidad en el impacto social. Al compararnos con los discípulos que trastornaron al mundo entero (ver Hechos 17:6) y sacudieron al Imperio Romano hasta transformarlo totalmente, ¿podremos llamarnos a nosotros mismos verdaderos discípulos?

Recordemos que la Palabra nos advierte que la fe sin obras es muerta (ver Santiago 2:14-26).

Para estudiar el elemento de la transformación hará falta tratar el tema del ministerio profético y, especialmente el de la intercesión profética, con la que podemos orar que la voluntad de Dios sea hecha en la Tierra, como lo es en el cielo (Mateo 6:10). Asimismo, para comprender el plan de Dios necesitamos especializarnos, no solamente en la escatología, sino también en la historia. Como dice el conocido adagio, "Ignorar el pasado y sus lecciones conduce al ser humano a repetir los mismos errores una y otra vez".

Trataremos de ser como los "hijos de Isacar". El primer libro de Crónicas, capítulo doce y versículo treinta y dos dice que ellos eran, *"entendidos en los tiempos, y sabían lo que Israel debía hacer, cuyo dicho seguían todos sus hermanos"*. Estas tres características de los hijos de Isacar, los convierte en el ejemplo ideal del ministerio profético.

En primer lugar, tenían entendimiento de los tiempos. Es decir, podían localizarse en lo que yo llamo el calendario divino. El plan de Dios tiene un tiempo asignado para cada evento y dentro de ese plan es necesario reconocer en qué lugar nos encontramos, a fin de ser efectivos–eficientes para Dios.

Así que los hijos de Isacar podían entender, discernir el momento exacto en el que se encontraba Israel. En segundo lugar, como resultado de ese discernimiento, sabían cómo debía actuar Israel, cómo debía reaccionar al momento de Dios, para poder actuar en coordinación con la voluntad divina. Y, en tercer lugar, como sabemos, el testimonio siempre se impone. Sus hermanos podían reconocer el don depositado por Dios en ellos y cuando ellos hablaban, sus hermanos los seguían.

Trataremos de ser, repito, como los hijos de Isacar, para poder localizar el momento que vivimos dentro del plan de Dios y conocer lo que la Iglesia debe hacer. Veremos si estamos o no en lo correcto al percibir la actitud de los hermanos ante lo que digamos.

Me atrevo a sugerir que no hay un tema de más actualidad que el tema del avivamiento y su consecuencia natural: la transformación. No creo estar solo en esta afirmación. No hace mucho que escuché al Dr. Peter Wagner expresar: "No cabe duda que la transformación social está en la agenda de Dios para este tiempo".

Introducción

Hoy, la expresión "Transformación de Comunidades" es bastante común. Desde que el hermano George Otis, Jr., presentara el video *"Transformaciones I"* en el Congreso Mundial de Intercesión, Guerra Espiritual y Evangelismo, en octubre de 1998, ha vendido millares de copias y su impacto ha llegado a todos los continentes de la Tierra. Los maravillosos testimonios dados a conocer en el video acerca de lo que Dios ha hecho en lugares como la ciudad milagro de Almolonga en Guatemala o la ciudad de Cali, Colombia, han brindado inspiración y fe a cientos de ministerios alrededor del mundo que han decidido creer y trabajar para ver a Dios manifestarse en sus ciudades y naciones.

A pesar de que el vocablo "transformación" es cada día más popular y hoy se celebran conferencias en muchos lugares con ese nombre, me parece que todavía no existe un consenso acerca del significado exacto de lo que se intenta transmitir cuando se lo emplea. Existen tantas versiones del "producto terminado" como casos particulares o ejemplos hay. Nuestro trabajo será el de tratar de esbozar una estrategia que podamos poner en práctica aquellos de nosotros que anhelamos ver la transformación de nuestras ciudades y naciones.

El deseo de contribuir a la formación de ese concepto y aportar el fruto de lo que, a Dios gracias, hemos observado y aprendido en cuatro años de trabajo en el "ministerio de transformación", constituyen la razón del libro que el lector tiene en sus manos.

Pretendo exponer la dinámica existente en la relación que une el avivamiento con la transformación, y examinar con detalle algunas lecciones positivas resultantes de avivamientos que produjeron una verdadera transformación en la sociedad en la que ocurrieron.

Una cuestión de paradigmas

A pesar de que el cristianismo es literalmente una manera de vivir que descansa sobre la esperanza (Zacarías 9:12 es uno de mis versículos favoritos), no somos totalmente ajenos a la idea del pesimismo cristiano acerca de la felicidad en esta Tierra. Este pesimismo ha sido parte de nuestra historia y de nuestra mentalidad y, aunque no nos percatemos de ello con facilidad, dejar atrás esa manera de pensar es, precisamente, uno de los grandes desafíos para los que hemos pasado del catolicismo a esta nueva vida en Cristo Jesús. De alguna manera ese tipo de pensamiento se coló en la cultura cristiana y generó maneras de pensar como el fatalismo, en el cual poco importa lo que hagamos o dejemos de hacer. Habrá que recordar acá el deísmo, que consideraba al universo como una gigantesca máquina que Dios había creado y, luego, había dejado funcionando separada de Dios mismo, para nunca más intervenir en su funcionamiento.

A la idea de que no podría conseguirse nunca la felicidad en esta Tierra, se unía la explicación de que todo lo bueno habría de llegar con la "otra vida". Claro, la una validaba a la otra. Ernest Lee Tuveson, afirma que, hace unos trescientos años, se generó en el protestantismo un concepto que comenzaría a revertir aquella idea. Dio inicio lo que se ha dado en llamar el "optimismo cristiano" acerca del futuro de la humanidad y el futuro de la sociedad.[1]

Fue el siglo XVII el que marcó el inicio de esta nueva manera de pensar (que sin duda ya podía predecirse a razón de la Reforma). Poco a poco ganó importancia la idea de que Dios no solamente redimía individuos, sino que la suma de estos, o sea la sociedad, también sería susceptible de ser redimida y a esto se aunó el concepto escatológico de que Dios había profetizado la derrota de Satanás. Se necesitaba este cambio de mentalidad para que pudiera desarrollarse la teología y la filosofía que sustentarían a la esperanza de cambio.

Y la historia nos hace pensar que el viaje de los peregrinos hacia Norte América en la búsqueda de una tierra lejana para labrarse un nuevo y diferente futuro, es una de las consecuencias de ese nuevo optimismo.

Hoy es un concepto generalmente aceptado el que afirma que Dios contesta las oraciones de sus hijos y que Él está tan interesado o más en nuestro bienestar que nosotros mismos. No solamente en el mundo venidero, sino también en el presente (Juan 10:10).[2]

El poder transformador de Dios

El cristianismo no es una religión. Se trata más bien de un estilo de vida que es el resultado directo de una relación personal con Jesucristo. Cuando se le pregunta a un creyente cuándo se convirtió en un cristiano, con toda naturalidad responde: "El día que conocí personalmente a Jesucristo". Esa respuesta tan simple conlleva una de las verdades más interesantes de la historia de la humanidad: el hecho de que Jesucristo está vivo y no muerto y que seguirá viviendo por los siglos de los siglos (Apocalipsis 1:12).

¡Concepto difícil de asimilar para alguien que no lo ha visto, o no lo ha conocido! No obstante, es sumamente sencillo de asimilar para una anciana o un niño que bien pueden ser analfabetos y carecer de elocuentes respuestas científicas o teológicas, pero que con toda seguridad y convicción saben que Aquel a quien han visto y conocido es, ni más ni menos, el Hijo de Dios en persona.

Las grandes religiones han tenido líderes carismáticos que no solo las han fundado, sino que a través de los años han logrado reclutar el interés y culto de millones de seguidores, generación tras generación. Sin embargo, cada uno de estos líderes ha muerto y es relativamente fácil encontrar sus tumbas. Ninguno volvió a verlos después de su muerte. Vivieron como cualquier otro ser humano, pero su vida natural llegó a un fin. ¡Qué diferencia del cristianismo, la única creencia (no me gusta llamarla religión) en donde se adora a un Dios vivo que, además, habita dentro de cada uno de sus fieles! Es impresionante. No existe en toda la Tierra ni en toda la historia una creencia, religión o filosofía que crea algo similar. Probablemente por eso sea el foco de burla y crítica acérrima, donde los que no la han experimentado tildan de ridículos, supersticiosos o ignorantes a quienes creemos en Él.

Sin embargo, lo que le da validez al cristianismo es precisamente el hecho de la "resurrección de Cristo". Cuando el apóstol san Pablo escribió su primera carta a los corintios, aún estaba vigente el innegable testimonio de aquellos que habían visto al Cristo resucitado con sus propios ojos.

"Porque primeramente os he enseñado lo que asimismo recibí: Que Cristo murió por nuestros pecados, conforme a las escrituras. Y que fue sepultado, y que resucitó al tercer día, conforme a las escrituras, y que apareció a Cefas, y después a los doce. Después apareció a más de quinientos hermanos a la vez, de los cuales, muchos viven aún, y otros ya duermen." (1 Corintios 15:3-6). En otras palabras, Pablo dice: En caso de duda, tenemos pruebas indubitables.

La realidad de la resurrección vino a confirmarle a la Iglesia Primitiva la veracidad de las palabras de Cristo respecto de la vida venidera. De pronto, esta vida temporal perdió toda su importancia, y los ojos y el corazón de sus discípulos fueron puestos en la vida eterna. De no ser así, ¿cómo podríamos explicar que ese inmenso número de mártires cristianos jamás ofreció resistencia ante el implacable Imperio Romano?

Ante la verdad de que Jesús y un grupo de discípulos carentes de una gran educación, que eran más bien *"… hombres sin letras y del vulgo"* (Hechos 4:13) llegaron a trastornar el mundo de su época y a transformar el Imperio Romano,[3] debemos reconocer que la razón fundamental del poder que demostraron se debió a la resurrección de Cristo. Es el mensaje del Evangelio de Cristo, aunado a su resurrección lo que hoy nos llena de esperanza para creer que podemos afectar (y hasta trastornar) a nuestras ciudades y naciones con el poder transformador que proviene de Dios.

NOTAS

[1] Ernest Lee Tuveson usa este concepto, como una base para explicar la idea del Milenarismo, especialmente en lo que a los EE.UU. se refiere.

[2] Me parece que esto es cierto, de una forma especial, cuando nos referimos al movimiento neo-pentecostal, al cual se lo llama *movimiento carismático* en los EE.UU.

[3] Durante más de tres siglos de incesante persecución por parte del Imperio Romano, centenares de creyentes fueron martirizados. Hombres, mujeres y niños sufrieron toda clase de muerte horrible y ante la sorpresa de los romanos, el número de creyentes crecía sin cesar. Y la Iglesia permanecía practicando el mensaje de Cristo: amor, esperanza y fe. Finalmente, a través del testimonio de sus obras, Roma dobló sus rodillas y se convirtió a ellos, y no ellos a Roma. Fue el Emperador Julián, el Apóstata, quien en el año 363 d.C. exclamó, *"Vicisti galilaee"* o *"Ustedes, galileos, han vencido"* (Jeremías 15:19 y Apocalipsis 12:11).

La transformación como proceso

El caminar cristiano

El proceso que un creyente atraviesa en las diferentes etapas de su cristianismo es gradual y tiene como objetivo el acercarlo cada día más a Dios.

Da inicio con la experiencia del nuevo nacimiento. Todo comienza con la benignidad de Dios, la cual nos permite arrepentirnos de nuestro pecados (Romanos 2:4). Una vez hacemos a Jesús el Señor y Salvador de nuestra vida (Romanos 10:9-10), nuestro ser comienza a ser transformado.

De acuerdo con la Palabra de Dios, el hombre consta de tres partes: espíritu, alma y cuerpo (Génesis 2:7, 1 Tesalonicenses 5:23, Hebreos 4:12), y cada una de ellas consta, a su vez, de tres partes:

El espíritu consta de intuición, comunión y conciencia.

El alma, el intelecto o mente, las emociones o sentimientos y la voluntad o capacidad volitiva.

El cuerpo posee carne, sangre y huesos.

El nuevo nacimiento es una experiencia espiritual que afecta todas las áreas de la vida del ser humano, pero sobre todo se da en el espíritu. El nuevo creyente recibe una nueva naturaleza, la vida eterna, la vida "*zoe*" que es la vida de Dios.

El nuevo nacimiento es una nueva creación que procede de lo alto. Es una operación directa de la Palabra de Dios y del Espíritu Santo en nuestra vida. Todo cambia completamente cuando nos arrepentimos y nos entregamos a Dios. Como dice la Palabra, nos es necesario nacer de nuevo para ver el Reino de Dios. Es necesario nacer del agua y del espíritu para entrar en el Reino de Dios (Juan 3:3 y 5). Lo que recibimos a través de esa experiencia es literalmente un nuevo espíritu, un nuevo corazón.

En Ezequiel 11:19 leemos, "*Y les daré un corazón, y un espíritu nuevo pondré dentro de ellos; y quitaré el corazón de piedra de en medio de su carne y les daré un corazón de carne*". Asimismo encontramos que en Ezequiel 18:31 dice, "*Echad de vosotros todas vuestras transgresiones con que habéis pecado, y haceos un corazón nuevo y un espíritu nuevo. ¿Por qué moriréis casa de Israel?*"

Muchas escrituras testifican de los cambios dramáticos que se sufren al nacer de nuevo. Estas son solamente algunas de ellas: Cuando nacemos de nuevo, nos es dada potestad de ser hechos hijos de Dios (Juan 1:12), crucificamos la carne con sus deseos y pasiones (Gálatas 5:24), nuestros pecados son borrados, y vienen tiempos de refrigerio de la presencia del Señor (Hechos 3:19), somos lavados, justificados y santificados (1 Corintios 6:11), somos convertidos de las tinieblas a la luz y de la potestad de Satanás a la de Dios (Hechos 26:18), somos librados de la potestad de las tinieblas y trasladados al Reino de su amado Hijo (Colosenses 1:13), Jesucristo nos es hecho –por Dios– sabiduría, justificación, santificación y redención (1 Corintios 1:30), Aquel que fue engendrado por Dios nos guarda y el maligno no nos toca (1 Juan 5:18) y Dios nos da entendimiento para conocer al que es verdadero (1 Juan 5:21). "*De modo que si alguno está en*

Cristo, nueva criatura es; las cosas viejas pasaron; he aquí todas son hechas nuevas" (2 Corintios 5:17), *"Porque todos los que son guiados por el espíritu de Dios, éstos son hijos de Dios. Pues no habéis recibido el espíritu de esclavitud para estar otra vez en temor, sino que habéis recibido el espíritu de adopción, por el cual clamamos: ¡Abba, Padre! El espíritu mismo da testimonio a nuestro espíritu, de que somos hijos de Dios"* (Romanos 8:14-16).

Es por esto que todo nos parece diferente una vez que experimentamos el nuevo nacimiento. No es extraño oír que una persona recién nacida de nuevo diga, "El cielo es más azul, los árboles más verdes. Todo luce mejor, ¡es maravilloso!" En realidad no ha sido el mundo el que ha cambiado. Somos nosotros los que hemos sido transformados desde adentro y ese cambio interno que ha comenzado en el corazón –en lo más profundo e íntimo del hombre– dará frutos "hacia fuera".

Quisiera enfatizar acá algo que es muy importante. El proceso de salvación espiritual es instantáneo. Todo lo que necesitamos hacer es creer, arrepentirnos y confesar a Cristo como nuestro Señor. Todo lo que nos sucede es obra del Espíritu Santo. Hasta acá nosotros no tenemos mucho que hacer. Es por esto que la Escritura dice que es por fe y no por obras. Pero, a partir de allí, todo lo demás será conseguido a través de trabajo y esfuerzo.

¿A qué me refiero? Me refiero a la continuación del proceso.

El nuevo nacimiento, como dije antes, se trata de una experiencia del espíritu. La mente, en cambio, queda prácticamente inalterada. Si antes de nacer de nuevo éramos abogados, seguramente no lo perderemos después de convertidos. Si teníamos recuerdos o memorias de algún evento, seguramente los seguiremos teniendo. Respecto a las emociones, si amábamos a nuestra esposa, seguramente la seguiremos amando. Y si odiábamos a alguien, existe una gran posibilidad de que aún continuemos odiándolo. Lo mismo respecto a la voluntad o al cuerpo. Con contadas excepciones, nuestro cuerpo será exactamente el mismo después de nacer de nuevo. Por supuesto, hay excepciones maravillosas como las que experimenta alguien que en el mismo momento es sanado o liberado.

Pero en términos generales, el nuevo nacimiento se da en el espíritu y deja el alma y el cuerpo prácticamente sin tocar. ¿Por qué? Porque esa actividad nos corresponde a nosotros. Se llama "el proceso de transformación". Claro, Dios no nos abandona, sino que estará con nosotros a todo lo largo del proceso, pero allí es donde cuenta nuestro esfuerzo.

El Apóstol Pedro confirma la necesidad que tenemos de limpiarnos de los vicios del "hombre viejo" para proseguir el camino al crecimiento espiritual. ¿Cómo hacemos esto?

"Desechando, pues, toda malicia, todo engaño, hipocresía, envidias, y todas las detracciones, desead, como niños recién nacidos, la leche espiritual no adulterada, para que por ella crezcáis para salvación" (1 Pedro 2:1-2).

El proceso de transformación

"No os conforméis a este siglo, sino transformaos por medio de la renovación de vuestro entendimiento, para que comprobéis cuál sea la buena voluntad de Dios, agradable y perfecta" (Romanos 12:2).

La Biblia llama al creyente a un proceso de auto-transformación, que se lleva a cabo a través de la renovación del entendimiento. Esta es una de nuestras responsabilidades. Y, en la medida en que lo hagamos, nos acercaremos más a la meta que Él tiene para nosotros.

*"Hasta que todos lleguemos a la unidad de la fe y del
conocimiento del hijo de Dios, a un varón perfecto, a la
medida de la estatura de la plenitud de Cristo"* (Efesios 4:13).

El proceso puede ser llamado transformación, renovación del
alma o salvación del alma. Las tres expresiones se refieren al trabajo que tiene el creyente de renunciar a su antigua manera de pensar, su sistema original de procesamiento de pensamientos e ideas
y, en general, a su "mentalidad", para obtener una nueva que co-
rresponda con su nueva vida en Cristo Jesús.

El primer mensaje de Jesucristo, de acuerdo a san Marcos fue,
*"El tiempo se ha cumplido, y el Reino de Dios se ha acercado; arrepen-
tíos y creed en el evangelio"* (Marcos 1:15).

Estas frases, aparentemente tan sencillas, contienen tres piezas
de información vitales para el creyente.

La primera dice que Jesús anunció un cambio de tiempo. Una
dispensación llegaba a su fin y otra se iniciaba. La segunda nos
dice que, como consecuencia de que el tiempo se ha cumplido,
el Reino de Dios se ha acercado. Y la tercera, que tiene que ver
directamente con nosotros, añade que debido a que el tiempo se
ha cumplido, y que el Reino se ha acercado, se espera de nosotros una reacción que tiene dos partes: una es *"arrepentíos"* y la
otra, *"creed en el Evangelio"*.

La clave del pasaje está en el significado de la palabra arrepentirse, que quiere decir cambiar de dirección, cambiar de mentalidad, cambiar de manera de pensar[1].

Es fundamental que el creyente renuncie a su antigua manera
de pensar —su vieja mentalidad— y que crea en el Evangelio. Toda
persona que quiera ser espiritual hallará que este es un proceso de
vital importancia, porque la manera de pensar del mundo es exactamente opuesta a la manera de pensar del Reino.

El mundo dice:	El Reino dice:
≈Ver para creer	≈Creer para ver
≈Si quieres tener, acapara, obtiene, guarda	≈Dando es como se recibe
≈Si quieres gozar de tu vida, tómala sin restricciones, aprovecha todo lo que te puede dar. Consume.	≈*"Todo el que procure salvar su vida la perderá, y todo el que la pierda, la salvará"* (Lucas 17:33).

Nadie puede verdaderamente vivir en el Reino si primero no renuncia a su vieja manera de pensar y es transformado por medio de la renovación de su entendimiento. Esta es la única forma en la que una persona nacida de nuevo puede arrancar su vida de la esclavitud que la mantenía cautiva a lo natural, lo terrenal y a la evidencia de lo que se ve (2 Corintios 4:18). Mi apreciación personal de lo que Cristo dice es, "Arrepiéntete, renuncia a tu vieja manera de pensar, renuncia a lo que creías y, ahora, en lugar de lo que solías creer, cree el Evangelio".

Vemos entonces que la razón por la cual debemos forzarnos a renovar nuestra manera de pensar reside en el hecho de que fuimos educados, entrenados por el mundo y por sus caminos, los cuales se oponen a Dios.

*"Entre los cuales también **todos nosotros vivimos en otro tiempo** en los deseos de nuestra carne, haciendo la voluntad de la carne y de los pensamientos, y éramos por naturaleza hijos de ira, lo mismo que los demás"* (Efesios 2:2).

Lo que la Palabra nos da no son sugerencias, sino más bien son órdenes.

> *"En cuanto a la pasada manera de vivir, despojaos del viejo hombre, que está viciado conforme a los deseos engañosos, y renovaos en el espíritu de vuestra mente, y vestíos del nuevo hombre, creado según Dios en la justicia y santidad de la verdad"* (Efesios 4:22-24).

La Palabra de Dios es lo único que puede transformarnos, así que haremos bien al recibirla con mansedumbre y dejarla entrar a formar parte de nuestro ser, como un injerto en una planta. Cuando el injerto ya ha pegado, llega el momento que ya no puede distinguirse el injerto de la planta original y, por supuesto, el fruto ha sido mejorado.

El proceso tiene varias partes y la primera es, entonces, la de renunciar a la vieja manera de pensar, desvestirnos del viejo hombre. Como la ciencia ha podido demostrar, un hábito no puede eliminarse, más bien hay que sustituirlo. Así, deducimos que la segunda parte del proceso es entonces la sustitución de esa manera viciada de pensar (y de actuar).

> *"Por lo cual desechando toda inmundicia y abundancia de malicia, recibid con mansedumbre la palabra implantada, la cual puede salvar vuestras almas"* (Santiago 1:21).

Está claro que un esfuerzo natural no puede conseguir la renovación que anhelamos; de ser así muchos serían renovados. Debe ir mezclado con fe, pues lo que recibimos es la Palabra de Dios. Nuestra fe tiene un objetivo, una meta: *"Obteniendo el fin de vuestra fe, que es la salvación de vuestras almas"* (1 Pedro 1:9).

Y ahora, pasemos a dos mandamientos que, por lo general, olvidamos con mucha facilidad.

1. *"Pero esto, hermanos, lo he presentado como ejemplo en mí y en Apolos por amor de vosotros, **para que aprendáis a no pensar más de lo que está escrito…***" (1 Corintios 4:6).

2. *"Por lo demás, hermanos, **todo lo que es verdadero, todo lo honesto, todo lo justo, todo lo puro, todo lo amable, todo lo que es de buen nombre; si hay virtud alguna, si algo digno de alabanza, en esto pensad***" (Filipenses 4:8).

¿Y cuál será el resultado de la obediencia a estos versículos?

"Tú [Dios] guardarás en completa paz a aquel cuyo pensamiento en ti persevera; porque en ti ha confiado. […] Y la paz de Dios que sobrepasa todo entendimiento, guardará vuestros corazones y vuestros pensamientos en Cristo Jesús" (Isaías 26:3; Filipenses 4:7).

Suelo decir que, para el hombre, la salvación del espíritu abre las puertas de la vida eterna, lo que comúnmente llamamos el cielo. Pero la renovación del entendimiento conducirá al creyente a vivir en victoria mientras esté acá en la Tierra.

De manera que el nuevo nacimiento se produce en el *espíritu*. La transformación se lleva a cabo en el *alma*, y las consecuencias son vistas por cada uno de nosotros en el nivel natural o del *cuerpo*. Esto es así porque son las obras las que dan testimonio de la fe (Santiago 2:18) y es a través del testimonio que el hombre vence al maligno (Apocalipsis 12:11).

La influencia de los poderes

Permítame dar un ejemplo práctico de lo que sucede en una persona cuando esta nace de nuevo. He visto suceder esto muchas veces y, aunque el ejemplo y el nombre son ficticios, los datos sí son extraídos de mi experiencia en el ministerio.

Supongamos, por ejemplo, que un hombre llamado Carlos es alcohólico. Ha tratado por todos los medios de dejar el alcohol. Ha recurrido a un médico, a una clínica de rehabilitación, a medicamentos, a terapia, etc. Nada ha podido librarlo de la esclavitud del alcohol. Acude a los Alcohólicos Anónimos, y consigue un alivio a través de repetir cada día: "Soy alcohólico, solamente pido un día más sin beber". Día tras día Carlos repite "Soy un alcohólico, solamente busco un día más sin beber".

Por supuesto, ha sufrido todos los calamitosos efectos de esta terrible enfermedad. Su familia ha sufrido, su trabajo ha mermado, su situación económica ha menguado y está al borde del colapso. Por más que trata no logra ordenar su vida (ver Job 37:19). En su desesperación, busca ayuda de parte de Dios y, al clamar a Él, Dios le responde inmediatamente.

El hombre es salvo. Nace de nuevo, Dios le arranca el corazón de piedra y le da un nuevo corazón de carne. Dios le traslada de debajo de la potestad de las tinieblas al Reino de Jesucristo en un instante (Colosenses 1:13). Cuando esto sucede, los poderes que estaban sobre él son desplazados porque la luz prevalece sobre las tinieblas (Juan 1:5) y estas se ven forzadas a huir. El poder de Dios echa fuera el poder inmundo que sujetaba a Carlos. ¡Carlos ha nacido de nuevo! Ahora tiene un nuevo Señor: Jesucristo. Carlos ha recibido libertad del espíritu de esclavitud que lo tenía sujeto al alcohol.

De pronto, Carlos llega a su casa y experimenta por primera vez en muchos años una sensación que a lo mejor ya había olvidado: la libertad. Ya no tiene necesidad del alcohol. De hecho, si se lo acercara a la boca comprobaría que ahora le repugna.

¿Qué ha sucedido? Carlos estaba preso de las tinieblas y el nuevo nacimiento, literalmente, desplazó esos poderes que se encontraban sobre él y abrió los cielos sobre su vida. Ahora, Carlos puede ser libre del alcohol con una facilidad de la que no gozaba antes. El nuevo nacimiento llevó a cabo un desplazamiento de los poderes espirituales que estaban sobre su vida. El poder de Dios y la libertad en Cristo Jesús han venido a sustituir al espíritu inmundo de esclavitud. Carlos ahora tiene la capacidad de ejercer su propia voluntad, sin un poder espiritual que se lo impida. Cuando él ejerce su nueva libertad, puede ser libre del alcohol y de otras cosas que vienen junto con la esclavitud.

¿Cuál es el próximo paso? Carlos deberá renovar su mente respecto a la manera de pensar que obtuvo mientras vivía siendo víctima del alcoholismo, y deberá transformar su vida. No necesita quedarse como un alcohólico. De hecho, el alcohólico murió. Llega el momento que la confesión de los labios de Carlos revela que su mente ha sido renovada. Un día se levanta y dice: "Yo no soy un alcohólico. Él murió. Yo soy una nueva criatura en Cristo Jesús. Las cosas vierjas pasaron. Todas han sido nuevas".

Esta renovación de su alma dará como resultado una nueva vida para Carlos y para su familia. Sí, la renovación de su mente es un paso indispensable para mantener su nueva libertad. Lo mismo sucede con la sanidad divina. Muchas personas obtienen un milagro en una atmósfera cargada de fe, pero luego lo pierden debido a que no renovaron su mente con la Palabra de Dios.

A esto es a lo que me refería cuando decía que la renovación de la mente requiere de trabajo y esfuerzo. *La fe viene por el oír y el oír por la Palabra de Dios*" (Romanos 10:17).

Cuando renovamos nuestra mente con la Palabra de Dios sucede algo más. Las fortalezas son destruidas y los argumentos son derribados para dejarnos en libertad. Los paradigmas (esas estructuras, generalmente negativas y limitantes que reducen nuestra esperanza y nuestra fe) son rotos y desterrados de nuestra nueva manera de pensar. Ahora podemos creer el Evangelio, ahora podemos tener fe en un Dios ilimitado, Todopoderoso y lleno de amor por sus hijos. Nuestra vida entera obtiene una nueva dignidad, una nueva identidad. Somos una nueva criatura en Cristo Jesús.

No me sorprende que el diablo luche tan intensamente para que no obtengamos este conocimiento. Realmente la verdad nos hace libres (Juan 8:32).

Las consecuencias o efectos de la renovación de la mente del hombre nuevo en su vida, matrimonio, familia y comunidad, son innumerables. Un creyente con la mente renovada se convierte en un agente de transformación. Traerá bendición y esperanza a cualquier medio donde se desenvuelva. Será una continua fuente de inspiración para sus semejantes, y será un instrumento útil en las manos de Dios. Por el contrario, aquel creyente que no renueva su mente, continuará siendo un creyente "niño", que más parece un esclavo que un hijo. *"Pero también digo: Entre tanto que el heredero es niño, en nada difiere del esclavo, aunque es señor de todo"* (Gálatas 4:1).

Un cristiano que no renueva su mente no puede dar testimonio sólido de su conversión, porque, si bien es un creyente nacido de nuevo, aún depende del producto de su manera de pensar, que es la del hombre viejo. Dicho en otras palabras, habrá nacido de nuevo, pero aún tiene una mente religiosa, dominada por la manera de pensar de este mundo, que se opone y contradice a la Palabra de Dios. Cuando se solicite de él una reacción, probablemente nos sorprenderá actuando igual que la gente del mundo y no como la del Reino. En su espíritu sí es creyente, pero en su mente todavía está el viejo hombre, viciado conforme a los deseos engañosos del mundo.

Si este nuevo creyente, aunque haya nacido de nuevo (en su espíritu), no ha sido transformado por la renovación de su entendimiento, (su alma), ¿cómo deberemos esperar que actúe en su vida (en el cuerpo)? Probablemente y hasta cierto punto, se comportará todavía como se comporta la gente que no ha conocido a Cristo.

El discipulado

Jesucristo –nuestro ejemplo– sabía perfectamente que se necesitaba de un proceso para renovar a los creyentes, hasta llevarlos a ser como Él. A este proceso lo llamamos discipulado.

Dios no nos llamó a hacer convertidos, o nacidos de nuevo. Dios nos llamó a hacer discípulos porque Dios conoce la necesidad que el hombre tiene de continuar su crecimiento en el Evangelio.

"Dijo entonces Jesús a los judíos que habían creído en él: Si vosotros permaneciereis en mi palabra, seréis verdaderamente mis discípulos; y conoceréis la verdad, y la verdad os hará libres" (Juan 8:31-32).

Sin renovación, en realidad no hay testimonio de la nueva vida en Cristo Jesús. Por ello la necesidad de pasar a través del discipulado, que obviamente no contiene solo teoría sino también práctica. Este es el modelo de Cristo: Él les enseñó (con teoría y ejemplo) y, luego, los puso a practicar (Lucas 10:1). Solo entonces estuvieron listos para ser agentes de transformación. Cuando en Antioquía los llamaron "cristianos" por primera vez, fue porque decían de ellos "son como Cristo, son pequeños cristos". De ahí el nombre cristianos.

Al presente, los creyentes latinoamericanos y africanos no tienen dificultad para evangelizar ni carecen de resultados al hacerlo. Más bien, tienen casi un exceso de resultados. Millares de personas nacen de nuevo cada día en Latinoamérica y África. Ciertamente en este tiempo los cielos están abiertos sobre nuestras naciones y experimentamos un glorioso tiempo de avivamiento.

Sin embargo, los efectos sociales de tal número de salvos aún no se hacen sentir. Tal parece que tenemos el evangelismo, pero estamos débiles en discipulado. En las iglesias tenemos muchísimas personas cuyas mentes aún no han sido renovadas. Querido lector, con amor y respeto –pero con total franqueza– debo decirle que todavía priva una mentalidad religiosa que está más inmersa en el legalismo, que preocupada con las necesidades apremiantes de nuestra sociedad.

Todavía no hemos tomado conciencia del poder de la Palabra de Dios para renovar y transformar a los creyentes. Al cambiar nuestra manera de pensar, cambiamos nuestra manera de vivir. La Iglesia tiene en la mano la espada del Espíritu que puede –literalmente– cambiar la vida a los creyentes[2] y es una responsabilidad por la cual vamos a rendir cuentas todos los que tenemos el privilegio de predicar el evangelio de Jesucristo.

Evangelismo sin discipulado es sinónimo de cristianismo sin impacto social

El creyente es llamado por Jesucristo *"la sal de la tierra"* y *"la luz del mundo"* (Mateo 5:13-14). Esto tiene que ver con lo que Él espera de nosotros, y también tiene que ver con el propósito eterno (ver Efesios 1:11) que cada uno de nosotros tiene en Cristo Jesús.

La función de la sal, como todos sabemos, consiste en evitar la corrupción. La sal frena el proceso de descomposición, por lo que deducimos que esta palabra, obviamente, se refiere al hecho de que el mundo va en una carrera autodestructiva total, una que solamente puede ser frenada por la acción de la Iglesia.

Además, sabemos que la luz prevalece sobre las tinieblas y esto es precisamente lo que el cristiano debe hacer en el mundo. Estamos llamados a reprender las obras de las tinieblas (Efesios 5:11).

Cuando unimos los dos conceptos –la sal y la luz– entendemos que el creyente está llamado por Dios para causar un impacto, para producir un efecto, para provocar una acción, tanto preventiva como curativa en el mundo.

Verdaderamente deberemos concluir que los creyentes estamos llamados a ser agentes de transformación en este mundo donde vivimos. Dios tenía un propósito al dejarnos en el mundo, pues sabe lo que afrontaríamos y sabe que no somos *"de este mundo"* (Juan 17:9-20). En los próximos capítulos trataremos el tema de la transformación en el contexto social.

NOTAS

[1] Vine's Expository Dictionary of New Testament Words, p. 961
[2] Vea El plano del alma en el libro De victoria en victoria, pp. 184-190.

Capítulo 2

La responsabilidad que da el conocimiento

El impacto social del evangelio

Al tratar acerca del impacto del Evangelio en la sociedad, podemos referirnos al efecto que el Evangelio ha tenido a través de la historia de la humanidad, lo que llamaríamos el impacto histórico, o bien podemos tratar la transformación como un proceso y referirnos al potencial transformador de la Iglesia en una comunidad o conglomerado social.

Respecto al primer tema, me uno a Paul L. Maier, para decir que "ninguna otra religión, filosofía, enseñanza, nación, movimiento, o cualquiera otra cosa, ha cambiado al mundo, mejorándolo, como lo ha hecho el cristianismo".[1]

Cuando nos percatamos de la inmensa deuda que la civilización occidental tiene con el cristianismo, no podemos dejar de sorprendernos por el impacto que un solo hombre y, más tarde, un grupo de discípulos –hombres del vulgo y sin letras (ver Hechos 4:13) – pudieron tener sobre la raza humana en un período tan corto de tiempo. Sin duda se trató de algo sobrenatural.

Alvin J. Schmidt señala que, "El número incontable de personas transformadas por la vida, muerte, y resurrección de Jesucristo en los primeros años del cristianismo fue algo fenomenal. Los efectos de esas transformaciones fueron igualmente fenomenales. Los seguidores de Cristo produjeron cambios revolucionarios, sociales, políticos, económicos y culturales. Como ha dicho George Sarton, "El nacimiento del cristianismo cambió para siempre la faz del mundo occidental".[2]

Cristo ha influenciado al mundo prácticamente en todos sus aspectos. Este impacto ha sido realizado en primer lugar por la vida de Jesucristo, su muerte y resurrección; en segundo lugar, por sus seguidores inmediatos, un grupo relativamente pequeño de discípulos; y luego, por lo que solemos llamar la iglesia primitiva. Los beneficios obtenidos a favor de la humanidad han sido extraordinarios. Comenzando por la hazaña casi increíble de transformar dramáticamente al imperio más poderoso de la Tierra hasta el punto de "cristianizarlo", proeza que, por cierto, no se logró sin un gran derramamiento de sangre (Apocalipsis 12:11). Continuando a través de la historia vemos una lista inagotable de logros realizados por la directa influencia del Evangelio en las mentes, ideas y trabajo de un sinnúmero de creyentes. No podemos evitar notar que el motor detrás de estos logros no ha sido otro sino el de brindar bienestar y bendición a la humanidad, en el nombre del Señor.

Paul J. Maier, profesor de Historia dice, "Aun los creyentes educados se sorprenderán al conocer cuántas de nuestras instituciones y valores actuales reflejan un origen cristiano. No solamente un incontable número de vidas fueron transformadas, sino que la civilización misma fue transformada por Cristo. En el mundo antiguo, sus enseñanzas elevaron los bárbaros estándares de moralidad, frenaron el infanticidio, mejoraron la calidad de vida humana, emanciparon a la mujer, abolieron la esclavitud, inspiraron la creación de instituciones de caridad y ayuda, fundaron hospitales, establecieron orfanatos y fundaron escuelas. En el tiempo medieval, el cristianismo –prácticamente por sí solo– mantuvo viva la cultura clásica, a través de copiar los manuscritos, construir bibliotecas, moderar la guerra a través de días de tregua y de proveer arbitraje para las disputas. Fueron cristianos los que inventaron los colegios y las universidades, dignificaron el trabajo como una vocación divina y extendieron la luz de la civilización a los bárbaros de las fronteras. En la época moderna, la enseñanza cristiana, propiamente expresada, ha hecho avanzar la ciencia, producido conceptos de libertad política, social y económica. Ha fomentado la justicia y ha sido la mayor fuente de inspiración para los magníficos logros de las artes, arquitectura, música y literatura que nosotros atesoramos hoy".[3]

Se han escrito volúmenes completos sobre los beneficios que el cristianismo ha aportado a la humanidad. Ciertamente el impacto histórico del cristianismo es innegable. No podemos siquiera imaginar en qué estado de barbarie viviríamos si no fuera por el resultado directo de las enseñanzas de Jesucristo.[4]

Si, por otro lado, nos referimos al potencial transformador que tienen los creyentes, entramos al tema de este libro, y a lo que se ha dado en llamar *transformación de comunidades*.

Existen, por supuesto, diferentes índices para poder evaluar (o medir) lo que llamamos transformación. He escuchado preciosos testimonios de las obras de Dios en diferentes lugares y, aunque todos difieren entre sí, todos son atribuidos al poder "transformador" de Cristo. Sin embargo, he encontrado que podemos valernos de la historia para conocer el proceso que Dios ya ha realizado en otros tiempos y otros lugares, respetando el principio bíblico que nos advierte acerca de la repetición de los acontecimientos.

"¿Qué es lo que fue? Lo mismo que será. ¿Qué es lo que ha sido hecho? Lo mismo que se hará; y nada hay nuevo debajo del sol" (Eclesiastés 1:9).

Además de la historia, en la actualidad contamos con parámetros sociales, económicos y políticos que, aunque en su gran mayoría pertenecen al mundo secular, atestiguan de la influencia de las ideas judeo-cristianas sobre la sociedad. Entre estos podemos citar a entidades como el Banco Mundial, Transparencia Internacional, Naciones Unidas, y otras.

Dudo mucho que los funcionarios de esas organizaciones realicen sus informes y estadísticas teniendo en cuenta los valores aportados por el cristianismo a la civilización. No obstante, cada vez que le confieren el título de "primer mundo" o "país desarrollado" a una nación, están validando precisamente la influencia del cristianismo en la sociedad, porque a lo que generalmente se refieren es al grado de desarrollo económico –debido en gran medida a la "ética de trabajo" que definiera Weber–.

Cuando se refieren al ordenamiento jurídico y a los conceptos de libertad, justicia y derecho, se refieren a la herencia judeo-cristiana, de donde estos conceptos fueron generados. Y cuando evalúan que tan "civilizada" es una sociedad, atienden a criterios de orden social, moral y cultural que generalmente van de la mano con las enseñanzas bíblicas.

Las sociedades o naciones que hoy llamamos desarrolladas son, básicamente, un grupo de países que tuvieron el soplo del Espíritu Santo en la forma de un avivamiento, o bien, una influencia directa de los principios que provienen de la Palabra de Dios. Si el llamado "tercer mundo" está siendo visitado por Dios de una manera tan extraordinaria, justo es imaginar que el impacto social no se hará esperar.

El interés tan grande que el tema de la transformación ha despertado en muchos lugares me hace pensar que existe preocupación en el Cuerpo de Cristo a causa de las inmensas necesidades que vive un sector tan grande de la población. El Banco Mundial reportó en 1998 que el 40% de la población de Latinoamérica y el Caribe viven en pobreza, y el 25% viven con menos de un dólar por día. Otro indicador apabullante se refiere a los altos niveles de corrupción que se dan en países que hoy tienen un gran avivamiento o un gran porcentaje de creyentes. Y por último, ¿quién puede ignorar hoy las explosiones sociales que la injusticia genera en tantas naciones?

Todo esto nos lleva a formular la pregunta: ¿qué podemos esperar, en cuanto a impacto social, por medio de la comunidad evangélica en nuestros países?

Nos preocupa también ver el alto nivel de emigración que se está dando en muchos de los países latinoamericanos. Resalta el caso de los centroamericanos, así como el de colombianos, venezolanos y argentinos que parten diariamente hacia los EE.UU. La emigración siempre viene a ser un indicador de que el nivel de esperanza ha decaído tanto que ya no creemos en la posibilidad de un cambio positivo.

A la pregunta de si existe esperanza, debemos añadir un serio cuestionamiento acerca de nuestra teología, y ver si esta permite creer por un cambio, y si permite que nosotros podamos ser parte de ese cambio. Recurriremos a la historia para encontrar precedentes y voltearemos nuestros ojos a la palabra profética para adquirir visión y esperanza para un futuro "transformado".

꧁

Muchas veces en el pasado, el principal obstáculo del avance de la Iglesia ha estado constituido por los paradigmas teológicos. En otras palabras, a menudo nuestra teología nos ha traicionado.

꧂

El ministerio profético

Para poder entender lo que Dios se propone hacer, el creyente necesita conjugar ciertos factores. Primero, necesitamos estudiar la historia de la Iglesia. Si la desconocemos, estaremos expuestos a cumplir el adagio que dice que el que ignora la historia está condenado a repetir sus errores.

Segundo, necesitamos estudiar la profecía bíblica, ya que la Palabra de Dios incluye los tres tiempos:

1. El pasado, porque la Biblia describe lo que Dios ha hecho

2. El presente, porque la Biblia nos muestra como Dios actúa, y

3. El futuro, porque la Palabra contiene las profecías bíblicas acerca del tiempo que vendrá.

Solo cuando concluyamos el estudio anterior podremos proyectarnos hacia el futuro, pues comprenderemos el propósito y el tiempo de Dios, así como nuestro propio rol en el plan divino.

Deseo utilizar un ejemplo del Antiguo Testamento con el fin de que podamos comprender el elemento profético. Estoy absolutamente persuadido de que este pasaje se constituye en un elemento precursor de lo que en el Nuevo Testamento se llama el ministerio profético.

Los hijos de Isacar

"De los hijos de Isacar, doscientos principales, entendidos en los tiempos, y que sabían lo que Israel debía hacer, cuyo dicho seguían todos sus hermanos" (1 Crónicas 12:32).

La Palabra nos enseña en este pasaje las tres características básicas del ministerio profético. Primero, se dice de los hijos de

Isacar que eran entendidos en los tiempos. Esto significa que ellos tenían la capacidad de interpretar el calendario divino.

Dios tiene un tiempo asignado para cada cosa. En ese calendario, ha dispuesto los tiempos para el desenvolvimiento de su propósito eterno. Si entendemos que existe ese calendario y que el mismo ha sido predeterminado desde antes de la fundación del mundo, comprenderemos que la palabra de Dios revela en sus páginas –una y otra vez– lo que Dios ha hecho o está haciendo. (Ver, por ejemplo: Mateo 13:35; Efesios 3:3-10 y 1 Pedro 1:20).

De manera que es necesario que el profeta tenga entendimiento acerca de los tiempos que se viven. Sin embargo, no basta con reconocer el calendario divino, sino que hace falta discernir exactamente el tiempo que se vive para poder "ubicarnos" en el sitio exacto del *kairos* o tiempo de Dios. Me parece indispensable que sepamos en qué momento del plan de Dios nos encontramos para saber reaccionar de acuerdo a las expectativas de Dios.

Esto nos conduce a la segunda característica que tenían los hijos de Isacar y los profetas. Como consecuencia de tener la habilidad de entender los tiempos y de discernir su posición en el plan divino, los hijos de Isacar *"sabían lo que Israel debía hacer"*. Es decir, conocían cómo debía el pueblo de Dios reaccionar, responder a los tiempos.

Es vital que nosotros –la Iglesia– reconozcamos (y aprovechemos) el ministerio profético, a fin de saber "lo que la Iglesia debe hacer" en este tiempo.

Y, por último, la confirmación que proviene del testimonio. Los hijos de Isacar tenían entendimiento en los tiempos y sabían lo que Israel debía hacer, y la Palabra añade, "cuyo dicho seguían todos sus hermanos". Sus hermanos reconocían el don que Dios había puesto sobre ellos y los seguían, aprovechaban su liderazgo.

Del estudio de la historia, tanto la historia de la Iglesia como la historia de las naciones, podremos comprobar los precedentes que ha habido como resultado de la influencia de los avivamientos y, en general, de la influencia consistente que el Evangelio ha tenido en el desarrollo de los pueblos hasta el presente.

NOTAS

1   Paul L, Maier escribió esta cita en el prólogo para el libro escrito por Alvin J. Schmidt titulado *Under the Influence. How Christianity Transformed Civilization*. Definitivamente es uno de los mejores textos relativos a la influencia historia del cristianismo.

2   Cita tomada del libro *Under the Influence*, p. 44. Schmidt cita el libro: George Sarton. Introduction to the History of Science. 1927, p. 236.

3   Schmidt, Alvin J., Under the Influence, p. 8

4   Los testimonios nacionales, por otra parte, son numerosos. A continuación una cita del libro *Who Are Puritans*? (*Quienes son los puritanos*?) de Enrroll Hulse, p. 30 donde cita a J. R. Green de su libro *Breve historia del pueblo ingles*: "No ha habido mayor cambio moral, que le haya sucedido a una nación, que el sucedido a Inglaterra durante los años que pasaron entre el reinado de Isabel y la reunión del Parlamento (1640-1660). Inglaterra se convirtió en *la gente del libro*, y ese libro es la Biblia", 1909; p. 460.
Richard P. Gildrie, en su libro *The Profane, the Civil & the Godly. The Reformation of Manners in Orthodox New England 1679-1749* nos regala el concepto de la reforma social y moral como resultado del puritanismo, y se aventura a producir un trabajo de 240 páginas para describir la influencia positiva que el cristianismo tuvo sobre la sociedad.

Los poderes, la cultura y la sociedad

En este capítulo tomaremos los conceptos de espíritu, alma y cuerpo y los trasladaremos de la esfera individual a la colectiva. Definiremos cada área y su funcionamiento con el propósito de comenzar a hilvanar la interrelación que existe entre los campos del espíritu (los poderes) y el alma (la cultura) y cómo esta relación determina el estado del cuerpo (la sociedad).

Cuando hablamos del espíritu humano, sabemos que este posee tres partes:

1. Comunión, que es el lugar donde el Espíritu Santo hace su habitación. *"¿No sabéis que sois templo de Dios, y que el Espíritu de Dios mora en vosotros?"* (1 Corintios 3:16; 6:19).

2. Intuición, que es el lugar donde se recibe la revelación, la comunicación del Espíritu Santo.

3. Conciencia, que es el sitio en donde están escritas las leyes de Dios, en nuestro corazón (Hebreos 10:16).

Cuando nos referimos al mundo espiritual, reconocemos que hay una variedad de seres espirituales, además del hombre. Por supuesto, el primer lugar lo ocupa la Deidad, pero además del Padre, el Hijo y el Espíritu Santo, conocemos acerca de los ángeles de Dios y de los llamados poderes cósmicos. Éstos últimos son espíritus rebeldes que se encuentran en un estado de desobediencia.

Cuando estudiamos los efectos de los poderes sobre la humanidad, debemos referirnos tanto a las influencias positivas como a aquellas que no provienen de Dios. Los efectos de la interacción de los poderes con la raza humana son los mismos para una persona que para una ciudad entera. Lo que varía es el número de líneas de interacción. En más de una oportunidad hemos escuchado la frase "tejido social". Por supuesto, se trata solamente de una ilustración, pero una muy certera, puesto que nos da la idea de muchísimas hebras o hilos que representan a cada persona y sus actividades. Todo ello va entretejiéndose a través de lo que llamamos relaciones humanas o relaciones interpersonales, hasta formar una estructura sólida que llamamos "sociedad".

De la misma manera, la influencia de los poderes sobre la sociedad se compone de un sinnúmero de relaciones, tentaciones, decisiones, alianzas, lealtades, etc.,[1] que pueden tanto abrir como cerrar los cielos sobre un territorio (Deuteronomio 28:1, 12, 15, 23; Juan 1:5).

El Espíritu *o Pneuma* y los poderes

Además de lo que ya expusimos en el libro *De victoria en victoria*[2] acerca de los poderes, en esta ocasión queremos referirnos, más bien al efecto que los poderes tienen sobre la sociedad en la cual vivimos.

Comencemos por citar algunos de los pasajes bíblicos tradicionales acerca de los "poderes cósmicos"[3]:

*"Sobre todo **principado y autoridad y poder y señorío, y sobre todo nombre que se nombra**, no solo en este siglo, sino también en el venidero"* (Efesios 1:21).

*"Y él os dio vida a vosotros, cuando estabais muertos en vuestros delitos y pecados, en los cuales anduvisteis en otro tiempo, siguiendo la corriente de este mundo, conforme el **príncipe de la potestad del aire, el espíritu que ahora opera en los hijos de desobediencia"*** (Efesios 2:1-2).

*"Para que la multiforme sabiduría de Dios sea ahora dada a conocer por medio de la iglesia a los **principados y potestades en los lugares celestiales**"* (Efesios 3:10).

*"Porque no tenemos lucha contra sangre y carne, sino contra principados, **contra potestades**, contra los **gobernadores de las tinieblas de este siglo, contra huestes espirituales de maldad en las regiones celestes**"* (Efesios 6:12).

Estas escrituras definen los poderes espirituales, invisibles, que constituyen la contraparte del creyente en el conflicto que se denomina *la guerra espiritual*. Sin embargo, es necesario que hagamos hincapié en la escritura que nos muestra el origen de estos poderes.

*"Por que en él fueron creadas todas las cosas, las que hay en los cielos y las que hay en la tierra, visibles e invisibles; **sean tronos, sean dominios, sean principados, sean potestades**; todo fue creado por medio de él y para él"* (Colosenses 1:16).

No perdamos de vista que estos poderes fueron creados *por* Cristo y *para* Cristo. Esta verdad coincide totalmente con la idea de que los poderes originalmente fueron creados de acuerdo al propósito divino, y servían al plan de Dios en obediencia total, antes de la caída.[4]

> *"Porque el anhelo ardiente de la creación es el aguardar la manifestación de los hijos de Dios. Porque la creación fue sujetada a vanidad, no por su propia voluntad, sino por causa del que la sujetó en esperanza; porque también la creación misma será libertada de la esclavitud de corrupción, a la libertad gloriosa de los hijos de Dios"* (Romanos 8:19-21).

Walter Wink escribió una trilogía acerca de los poderes que constituye uno de los trabajos contemporáneos más importantes. En el primer tomo, Wink analiza lo que llama "el lenguaje de poder del Nuevo Testamento". El estudio de Wink es tan exhaustivo como es inspirador.

Wink escribe: "Estos poderes son a la vez celestiales y terrenales, divinos y humanos, espirituales y políticos, invisibles y estructurales. La más clara declaración al respecto se halla en Colosenses 1:16, que debería haber ser la norma para toda discusión relativa a los poderes: *"Porque en él, el hijo, todas las cosas fueron creadas, en el cielo y en la tierra, visibles e invisibles, sean tronos (thronoi) o dominios (kyriotetes) o principados (archai) o autoridades (exousiai) —todas las cosas fueron creadas por él y para él"*.

El paralelismo del griego, hábilmente expresadas aquí por la versión RSV, indica que estos poderes son a la vez celestiales y terrenales, visibles e invisibles. Nosotros esperaríamos que incluyan agentes humanos, estructuras sociales y sistemas como también poderes divinos. La reiteración de *"en el cielo o en la tierra"* en el versículo 20 conecta con el versículo 16, y sugiere que la reconciliación cósmica que Dios traerá a través de Cristo incluirá específicamente estos poderes, humanos y divinos, y que no habría reconciliación completa sin ellos".[5]

Continua Wink: "El Evangelio no es un mensaje de salvación personal *del* mundo, sino el mensaje de un *mundo transfigurado hasta sus estructuras básicas*. Redención significa ser liberado de la opresión de los poderes, ser perdonado por el pecado propio de cada uno y por la complicidad con los poderes, y ser partícipe en la liberación de los poderes de su esclavitud a la idolatría. La buena nueva es nada menos que la salvación cósmica, una restitución de todas las cosas (Hechos 3:21), cuando Dios reunirá todas las cosas en Cristo, así las que están en el cielo como las que están en la Tierra (ver Efesios 1:10). Esta rectificación universal producirá a la vez una sanidad y una subordinación de las estructuras rebeldes, sistemas e instituciones a sus debidos lugares, en servicio de Aquel en el cual, a través del cual y para el cual existen".[6]

Ante la aparente contradicción que surge luego de leer 1 Corintios 15:24-25: *"Luego el fin, cuando entregue el reino al Dios y Padre, cuando haya* **suprimido** *todo dominio, toda autoridad y potencia. Porque preciso es que él reine hasta que haya puesto a todos sus enemigos debajo de sus pies"*, Wink sale al paso y explica que, *neutralizar* los poderes, más que destruirlos, es la traducción más apropiada.[7] La versión revisada en inglés usa la palabra deponer (o destronar).

Fui grandemente bendecido por el trabajo de Wink; no obstante, después de leer sus cinco libros (acerca de los poderes), me parece que la identificación que él hace de los poderes con las instituciones bien puede explicarse por medio del término "alma" y no necesariamente "humanizar o naturalizar" los poderes. Para nosotros los poderes son seres espirituales en estado de rebelión, que luchan para mantener al hombre en estado de ceguera y esclavitud (2 Corintios 4:4). Las instituciones, estructuras sociales, sistemas y agentes humanos pertenecen, según nosotros, al área del alma y del cuerpo respectivamente. Debido a esta diferencia de opinión, es que cabe, en la teoría de Wink una "redención de todos los poderes". Nosotros, por el contrario encontramos en el lago del fuego el fin de Satanás (Apocalipsis 20:10).

Mi definición de los poderes, corresponde a personalidades o entidades espirituales e invisibles que habitan los lugares celestes (ver Efesios 6:12). Los hay angelicales, quienes guardaron su fidelidad a Dios. La Biblia menciona a los arcángeles, querubines y serafines, así como a las huestes de ángeles. Por supuesto, también los hay demoníacos o aquellos que se rebelaron contra Dios. Pertenecen al campo del espíritu y no al mundo natural. Por ello necesitan de una intermediación para poder afectar el mundo natural.

¿Cómo puede ser que un espíritu –que por definición carece de cuerpo– afecte u oprima a un ser de carne y hueso? Lo hace a través del poder (dado por Dios) que reside en el alma del hombre. Cada vez que el hombre actúa en desobediencia a Dios, presta su libre albedrío y su capacidad volitiva para que las fuerzas del mal puedan aprovechar las "tinieblas" causadas por la desobediencia y el pecado. Es allí donde estos espíritus pueden "moverse" y actuar en su hábitat natural, constituido por las tinieblas.

La influencia de los poderes

Si partimos de la premisa de que el diablo y los poderes se encuentran en un estado de rebelión, pero también de derrota (ver Colosenses 2:15), resulta difícil interpretar la realidad que nos rodea, donde a cada instante nos encontramos con sus huellas y los vestigios propios de sus características. La violencia, la corrupción, el dolor, la enfermedad y otros males sociales son claramente consecuencias de la acción de los poderes y de la desobediencia del hombre (ver Deuteronomio 28).

Pero nuestro interés rebasa el deseo de buscar el origen del mal, y se empeña en encontrar soluciones, remedios y procesos, tanto curativos como preventivos, que coincidan con el plan divino como lo planteó Cristo en Juan 10:10, *"El ladrón no viene sino para hurtar y matar y destruir; yo he venido para que tengan vida, y para que la tengan en abundancia".*

Cuando tratamos el tema de los poderes, podemos hablar de los nombres que los identifican en grupo, porque nos ayudan a entender su función o su rango jerárquico. También podemos estudiar a cada uno de aquellos que la Biblia menciona con nombre propio. La lista de estos últimos es extensa, pero de ninguna manera podemos asumir que es exhaustiva.

Es mi convicción que la mención de Leviatán, Beelzebú, Behemot, Apolión, Abadón, Bel, Dragón, Moloc, el príncipe de Persia y tantos otros, sirve al propósito de revelar a la Iglesia los peligros que se esconden detrás de la obra de cada uno de ellos. Cada uno de estos personajes tiene personalidad y características propias, y esa descripción es la que nos ayuda a comprender su función y su alcance.[8]

Es un concepto generalmente aceptado que Dios se sirve de sus diferentes nombres para revelar al hombre su carácter y las diferentes facetas de su personalidad. Es por ello que sabemos que Él es nuestro proveedor (*Jehová-Jireh*) y nuestra paz (*Jehová-Shalom*); sabemos que Él es Todopoderoso; es más que suficiente (*El Shaddai*) y el que está presente en medio de nosotros (*Jehová-Shama*).

De la misma manera y siguiendo el principio de que cada nombre contiene una descripción —un significado, una intencionalidad— los nombres de cada uno de los poderes espirituales mencionados antes nos muestran sus características, los rasgos de su personalidad, y revelan mucho acerca de su función.

La información que el estudioso de la Palabra puede obtener por este medio es abundante y reveladora. En nuestro caso, nos ayudará a establecer el nexo que existe entre el campo que pertenece al espíritu y el relativo al alma.

La influencia que los poderes tienen sobre la humanidad es ejercida a través del espíritu y del alma.[9] A través del espíritu, porque hay personas que se ocupan directamente de servir a los poderes de las tinieblas y así obtienen conocimiento de lo oculto. Esto se constituye en la información (que, por cierto, causa cierta fascinación en el mundo) que esparcen a través de multitud de medios (libros, películas, revistas, etc.). Hay que ver la circulación que tienen los libros que hablan acerca de la metafísica, ciencias ocultas o, simplemente, lo "misterioso". A través del alma, porque la transmisión intelectual del conocimiento es el medio por el cual el conocimiento compartido.

Detengámonos un momento y pensemos, ¿cómo aprendieron los poderes del mal a comunicarse de esa manera? ¿De dónde proviene el método? De la fuente de todas las cosas, Dios, nuestro Padre.

Veamos cómo influencian los poderes del bien a la raza humana: Dios se comunica e influencia al hombre a través de tres medios específicos.

≈ PRIMERO:

El Espíritu Santo es el agente natural de comunicación entre Dios y el hombre, porque el Espíritu Santo habita *en* nosotros, está *con* nosotros y *sobre* nosotros. Fue enviado precisamente para guiarnos, para que no estuviéramos huérfanos.

*"Mas el Consolador, el Espíritu Santo, a quien el Padre enviará en mi nombre, **él os enseñará todas las cosas, y os recordará todo lo que yo os he dicho**"* (Juan 14:26).

*"Pero cuando venga el **Espíritu de verdad,** él os guiará a toda la verdad; porque no hablará por su propia cuenta, sino que hablará todo lo que oyere, y os hará saber las cosas que habrán de venir. Él me glorificará; porque tomará de lo mío, y os lo hará saber"* (Juan 16:13-14).

≈ SEGUNDO:

Los ángeles de Dios desempeñan precisamente el papel de mensajeros. En la Palabra encontramos a los ángeles entregando mensajes provenientes de Dios en repetidas ocasiones (ver, por ejemplo, Daniel 10:5-21; Zacarías 1:13; Mateo 28:2; Lucas 1:13). Gabriel, el mensajero por excelencia (el significado de su nombre es *mensajero*), es el encargado de transmitir mensajes de Dios a los hombres. Fue suyo el privilegio de transmitir el mensaje más sublime de todos: anunciarle a una joven virgen llamada María que tendría un hijo y su nombre sería Jesús; sin duda este es uno de los pasajes más importantes de la Biblia y de la historia humana (Lucas 1:26-38).

Note, por favor, que los ángeles transmiten su mensaje celestial de una manera en que su interlocutor humano puede entender. Es decir, usan un idioma y una manera de comunicarse que llega directo al intelecto humano (a su alma).

≈ TERCERO:

La Palabra de Dios. No es una sorpresa que Dios, quien creó al ser humano y, por lo tanto, lo conoce perfectamente, le haya dejado su Palabra por escrito. *"Lámpara es a mis pies tu palabra, y lumbrera a mi camino"* (Salmo 119:105). *"La suma de tu palabra es verdad, y eterno es todo juicio de tu justicia"* (Salmo 119:160). Tampoco me sorprende que Dios le haya dedicado el capítulo más largo de la Biblia a su Palabra.

Acá es necesario aclarar que, antes que nada, la Palabra es espíritu (Juan 6:63) y, como tal, es alimento para el espíritu del hombre (Mateo 4:4; 1 Pedro 1:23-2:1); no obstante, Él nos la ha hecho llegar de una manera en la que no solo es alimento para nuestro espíritu, sino que, además, afecta nuestra alma de una manera especial. La Palabra de Dios enriquece el intelecto humano. Es la mente la que aprende, procesa y ejecuta la Palabra. Posteriormente, sus efectos se hacen sentir incluso en el cuerpo (ver Proverbios 3:1-8). ¡Es claro que Dios sabía perfectamente bien que el éxito de la vida del hombre dependía de su Palabra!

"Nunca se apartará de tu boca este libro de la ley, sino que de día y de noche meditarás en él, para que guardes y hagas conforme a todo lo que en él está escrito; porque entonces harás prosperar tu camino y todo te saldrá bien"
(Josué 1:8)

"Las ideas tienen consecuencias", diría seguramente Max Weber.

El alma *o Psyche* y la cultura

El alma del hombre, recordemos, tiene tres partes: mente o intelecto, emociones o sentimientos y voluntad o capacidad volitiva. Cada una de estas áreas cumple una función específica y todas juntas se refieren a lo que llamamos *la personalidad del ser humano*.

El alma cumple la función de ser un medio de comunicación entre el espíritu y el cuerpo y surge cabalmente como resultado de la fusión del cuerpo, y el espíritu dado por Dios. *"Entonces Jehová Dios formó al hombre del polvo de la tierra, y sopló en su nariz aliento de vida, y fue el hombre un ser viviente"* (Génesis 2:7).

El ser humano se comunica con Dios con el espíritu; con el alma tiene comunión consigo mismo y con los demás, y emplea el cuerpo para relacionarse con el medio ambiente que lo rodea.

Cuando tomamos estos conceptos y los llevamos al plano de un conglomerado social –una comunidad, una ciudad o una nación– podemos hablar de la *personalidad* o del *alma* de la comunidad, ciudad o nación. No resulta complicado entender este concepto si pensamos que una comunidad es igual a la suma de sus miembros, y una ciudad la suma de sus habitantes.

El alma de una comunidad es la suma de todos sus elementos; intelectuales, emocionales y volitivos. Es decir, todos aquellos valores intelectuales, conocimientos compartidos, idioma, idiosincrasia, visión de país y la memoria histórica (la cual seguramente contará con traumas nacionales).[10]

Ahora se hace necesario comenzar a introducir algunos términos que servirán para una mejor comprensión del punto que deseo transmitir. Uno de ellos es *cosmovisión*, la "*Weltanschauung*" que acuñara el filósofo alemán Emmanuel Kant, y cuyo significado fue captado perfectamente en inglés con la palabra "*worldview*". *Weltanschauung* significa:

Welt = *World* = Mundo + *Anschauung* = *View* = Visión o perspectiva.

La cosmovisión es la visión que tenemos del mundo; es la manera como percibimos el mundo que nos rodea. Si usamos una analogía, diríamos que la cosmovisión es el equivalente a un par de anteojos. Si estos son azules, todo lo veremos azul. Si son rojos, todo lo veremos con esa tonalidad.

Si tomo conceptos e ideas de Darrow L. Miller, Alvin Toffler, Thomas Sowell, Ronald H. Nash y Max Weber, entre otros, diré que nuestra cosmovisión está formada por el conjunto de conceptos, ideas y suposiciones que se han ido almacenando en nuestra memoria intelectual y emocional, y que luego sirven de premisas elementales para conocer la realidad del universo que nos rodea y su funcionamiento.

Darrow L. Miller (con Stan Guthrie) escribió un estupendo libro acerca de la transformación de las culturas,[11] en donde hace una relación de la palabra cosmovisión, que creo vale la pena incluir.

"Abraham Kuyper (1837-1920), Primer Ministro holandés, teólogo y fundador de la Universidad Libre, describió el concepto de la perspectiva del universo o cosmovisión desde el punto de vista de la tradición cristiana. Kuyper era un devoto creyente en Jesucristo. **Él se dio cuenta de que, durante la época de la Reforma, culturas enteras fueron transformadas debido a que a través de la Biblia, se le dio acceso a la gente a que conociera la perspectiva que Dios tiene del universo. La cosmovisión cristiana es consistente con la realidad y, por lo tanto, útil en el nivel de la vida práctica.**"[12]

"Pablo amonesta a los creyentes a llevar *cautivo todo pensamiento a la obediencia a Cristo*' (2 Corintios 10:5). ¿Por qué? Porque cada área de la vida humana debe estar bajo el señorío de Cristo y cada aspecto de la cultura debe ser redimido para la gloria de Dios. A esto es a lo que llamamos "establecer su reino y el desarrollo de las naciones".[13]

En el libro *De victoria en victoria* hicimos referencia al origen de las ideas, a las que el apóstol san Pablo llama fortalezas, argumentos, altiveces y pensamientos (ver 2 Corintios 10:4-5). El *Nuevo Diccionario Internacional de Teología del Nuevo Testamento*, editado por Colin Brown,[14] nos ayuda a definir con claridad la diferencia entre la palabra "*logizomai*", que pertenece totalmente al área del alma –mente, emociones y voluntad– y la palabra "*hypsoma*", de la que J. Blunck afirma, "El uso en el Nuevo Testamento de la palabra '*hypsoma*' probablemente refleja ideas astrológicas y, por lo tanto, denota poderes cósmicos". Los pasajes de Romanos 8:39 y 2 Corintios 10:5 se refieren a poderes dirigidos en contra de Dios, que buscan intervenir entre Dios y el hombre. Posiblemente estén relacionados a la "*stoicheíatou Kosmou*" o los poderes elementales de este mundo (Colosenses 2:8, 20).

En otras palabras, hay ideas de origen humano o naturales y las hay espirituales, o que provienen de los poderes. Estas "altiveces" que menciona el apóstol san Pablo toman forma de ideas y conceptos, y llegan a confundirse con nuestra propia manera de pensar.

Sin darnos cuenta adoptamos altiveces que van en contra del conocimiento de Dios (2 Corintios 10:5) y les permitimos pasar a formar parte de nuestra vida mental. Los pensamientos –como todos sabemos– se traducen a palabras. Luego, se expresan como comportamiento, conducta o hechos. Así es como determinan el estado de nuestra vida (vea Proverbios 23:7). Deténgase un momento para observar la facilidad con la que admitimos pensamientos catalogándolos como "normales", cuando flagrantemente contradicen todo lo que creemos. No solo eso, sino que ¡les permitimos contradecir a la Biblia! Parece casi increíble que los creyentes usen expresiones como, ¡Es imposible![15] o "No puedo".[16]

El argumento que trato de demostrar no tiene que ver con algo tan elemental como la confesión de la Palabra de Dios, aunque reconocemos que la muerte y la vida están en poder de la lengua (Proverbios 18:21). No, en realidad tiene que ver con el tema fundamental de que la influencia de los poderes es ejercida a través de que estos se infiltran en nuestra manera de pensar, alteran nuestra cosmovisión y afectan la "cultura" en la que nos desenvolvemos, conociendo el hecho de que posteriormente esa cultura determinará el estado de la sociedad.

El elemento ideal para influenciar la mente de la humanidad es el uso del "sistema cosmos", lo que comúnmente llamamos "el mundo". Por ser un concepto tan importante lo trataremos por separado.

El cuerpo *o Soma* y la sociedad

He decidido definir sociedad como la suma de dos elementos: la Tierra y la gente. Lo he hecho así porque por un lado, la Biblia habla de salvación, bendición y la relación con las personas; por el otro lado, menciona a la Tierra una y otra vez. Por ejemplo, 2 Crónicas 7:14 es uno de los pasajes bíblicos más citados cuando se hace referencia a las consecuencias o efectos de la oración sobre la Tierra.

La sociedad es el sitio donde se refleja el impacto que los poderes han tenido sobre la cultura. Es el resultado final de la lucha de los poderes y el resultado de la cultura dominante. Es por ello que afirmo que los poderes influencian a la cultura y esta determina el estado de la sociedad.

El hombre depende del mundo espiritual. Dios es espíritu (Juan 4:24) y Dios creó al hombre a su imagen, conforme a su semejanza (Génesis 1:26). La definición técnica del ser humano es la siguiente: el hombre es un espíritu que tiene un alma y que habita en un cuerpo.

Tenemos una interrelación continua con el mundo espiritual, interactuamos todo el tiempo con los seres espirituales: con Dios, con Cristo, con el Espíritu Santo –que mora en nosotros– con los ángeles de Dios y, por supuesto, también con los demonios, los principados y las potestades. El ser humano se encuentra en una posición de estrecha relación con el mundo invisible. Y, dependiendo de la cosmovisión desde donde se vea a esta verdad bíblica objetiva, así será la interpretación que se le dé. Esta afirmación sirve como un ejemplo *ad hoc* acerca de cómo funciona una cosmovisión.

En una cosmovisión animista, el mundo es espiritual y la relación con el mundo invisible es algo diario, cotidiano, ineludible; su existencia se da por sentada. En una cosmovisión humanista; en cambio, la realidad es eminentemente física o natural.

No hay lugar para el mundo invisible, que más bien se tilda de superstición. Este es el caso de la cultura occidental moderna, altamente secularizada. No pueden comprobar científicamente la existencia del mundo espiritual y la interacción con los seres espirituales, así que simplemente la niegan.[17] Esto no solo ocurre en el mundo secular. Hay denominaciones y segmentos enteros de la Iglesia que experimentan una inmensa dificultad para asimilar temas como la guerra espiritual, porque esa realidad espiritual no tiene lugar en su cosmovisión.

Para nosotros —los que compartimos una cosmovisión teísta— la realidad se percibe como eminentemente relacional, personal. Creemos que existe un Dios que está interesado en nosotros y busca tener comunión con su creación. ¿Cómo se comunica con nosotros? A través del Espíritu Santo (un Ser espiritual), a través de sus ángeles (seres espirituales), a través de su voz (espiritual) y a través de su Palabra (que es Espíritu y Vida) si bien está envuelta en un idioma y contexto humano para que podamos recibirla. Es tan grande la misericordia de Dios que aún los símbolos que usa para hacernos llegar su revelación tienen un "tinte humano". Él es "nuestro Padre", somos "herederos de Dios, coherederos con Cristo Jesús"; la Iglesia está conformada por "sus hijos"; somos "su pueblo", etc. La Palabra, que es espíritu, se reviste de instituciones, conceptos y de un lenguaje humano a fin de alcanzar nuestro intelecto para el beneficio de nuestra vida espiritual, emocional y física. ¡Qué grande es el amor de Dios!

Una manera de percibir los efectos del mundo espiritual es a través de sus consecuencias en el mundo físico, sus efectos en la vida, la conducta y la condición humana. Veamos unos pasajes bíblicos al respecto de esto. *"Porque las cosas invisibles de él, su eterno poder y deidad, se hacen claramente visibles desde la creación del mundo, siendo entendidas por medio de las cosas hechas, de modo que no tienen excusa"* (Romanos 1:20).

"No mirando nosotros las cosas que se ven, sino las que no se ven; pues las cosas que se ven son temporales, pero las que no se ven son eternas" (2 Corintios 4:18).

Aunque soy un gran admirador de Max Weber y su trabajo, he decidido transcribir aquí una cita que no le pertenece, sino que es más bien un comentario acerca de su obra. Con el propósito de enfatizar los conceptos que deseo transmitir, me he permitido añadirle énfasis a dicho comentario.

Darrow L. Millar dice: "El economista social Max Weber usó esta palabra [cosmovisión] en su análisis de la relación entre el sistema de creencias de un pueblo y su prosperidad o pobreza. A pesar de que Weber creció en una tradición protestante (luterana) y de que conscientemente escribió desde esa perspectiva, él no creía personalmente en Jesucristo. Weber estaba en el umbral de un nuevo mundo, con un pie en la Reforma y el otro en la ciencia secular. Weber compartía su herencia alemana y su pasión por la filosofía social y económica con un contemporáneo suyo, Karl Marx. Pero las semejanzas terminaban allí. Marx era un materialista riguroso. Él creía que todo lo que importaba era la materia. En contraste con esto, la tesis clave de Weber, de que las ideas tienen consecuencias, consideraba que la raíz de la forma en que se produce la riqueza se hallaba en el campo metafísico. Weber creía que la mente gobierna a la materia y no al revés. La religión forma el carácter y la conducta cotidiana. Esta establece las estructuras sociales, económicas y políticas que proveen el marco de referencia para la vida. Weber es probablemente mejor conocido por su frase "la ética protestante del trabajo", la cual describía el *ethos* que le dio a los países del norte de Europa la capacidad para salir de la pobreza. Para Weber, el *Weltanschauung* del protestantismo permaneció en contraste con el mundo y los sistemas de vida del oriente, del animismo y del naciente secularismo. Este *Weltanschauung* estableció un *ethos*, o conjunto de valores, que confirmó la manera en que naciones enteras concebían el universo".[18]

De la cita anterior, podemos extraer algunas conclusiones acerca del pensamiento de Weber:

1. Las ideas tienen consecuencias.

   La cosmovisión teísta, así como la cosmovisión bíblica, colocan el origen de las cosas en el mundo espiritual. Los poderes espirituales, hemos visto, influencian al ser humano a través de conceptos, ideas, argumentos, fortalezas, altiveces, pensamientos, ideologías, etc. En suma, *"hypsoma"* y *"logizomai"*. Las ideas que el ser humano recibe, acepta y hace suyas, pasan a formar parte de su cultura y se manifiestan en la sociedad, que al fin y al cabo es su creación. De hecho, he observado que en todos los casos es solamente una cuestión de tiempo para que la cosmovisión encuentre su camino al Senado o Congreso de la República y se convierta en la ley del país.

2. La religión forma el carácter y la conducta cotidiana.

   A) La fuente de valores para el ser humano es la religión; no provienen de otra parte. Son las religiones del mundo las que proveen al hombre de una estructura de valores. Claro, para este momento ya estamos aceptando como un hecho el que la religión es el vehículo natural con el que los poderes "se expresan" y transmiten su información y su influencia a la sociedad. Los valores van dirigidos al área del ser humano que llamamos el carácter. Los principios y los valores que la persona acepta y hace suyos moldean su vida, determinan sus prioridades y le dan forma a su carácter.

   B) El carácter se manifiesta en el comportamiento, que se expresa a través de la conducta. Los hechos hablan más recio que las palabras. En el mundo cristiano este concepto se llama "testimonio de vida".

3. <u>La religión establece las estructuras sociales, económicas y políticas que proveen el marco de referencia para la vida</u>.

    Si los principios y los valores provienen de la religión y estos van dando paso a la cultura y a la cosmovisión, es natural que encuentren su expresión en el ejercicio de la vida diaria y moldeen las estructuras para que esa sociedad se desenvuelva al ritmo de la cultura que ha hecho suya.

Estoy persuadido que los poderes influencian la cultura y esta determina el estado de la sociedad.

NOTAS

[1] Para un entendimiento básico sobre este tema vea **La participación del hombre en el conflicto** en el capítulo 4 del libro De *victoria en victoria*, Harold Caballeros; Editorial Betania; pp. 79-104.

[2] *De victoria en victoria*, Harold Caballeros; Editorial Betania, 1999.

[3] Estoy consciente que el uso de la expresión *poderes cósmicos* puede prestarse a malos entendidos, pero es el término comúnmente aceptado en el círculo de teólogos para referirse a los poderes espirituales a los que nos referimos. Vea *The New International Dictionary of New Testament Theology*, Colin Brown, Editor. Tomo I, p. 238.

[4] Vea el capítulo 3 del libro *De victoria en victoria*.

[5] *Naming The Powers*, Walter Wink, p. 11.

[6] *Engaging The Powers*, Walter Wink, p. 83.

[7] *Engaging The Powers*, Walter Wink, p. 350, nota 43.

[8] Existen en la Palabra multitud de ejemplos en los cuales encontramos que un personaje, como por ejemplo Absalón, manifiesta una manera de actuar que llegamos a identificar como el "espíritu de Absalón". Igual pasa con Jezabel, en la cual reconocemos con facilidad que en un momento determinado se trata de una mujer de carne y hueso, esposa de Acab, en la que se manifiesta un espíritu inmundo que posee ciertas características específicas, que luego se identifican con el nombre de "espíritu de Jezabel" y que aún en una posterior mención en Apocalipsis es de nuevo una mujer física que refleja las mismas o similares características.

[9] *"Y renovaos en el espíritu de vuestra mente"* Efesios 4:23.

[10] Aunque la siguiente anécdota podría ser muy similar en muchos países latinoamericanos, deseo contar mi propia historia guatemalteca. Mi generación ha experimentado momentos difíciles en cuanto al rompimiento del orden institucional se refiere. Hubo golpes de estado en 1963, 1982 y 1983. Además de otras intentonas llamadas "asonadas". Cada vez que uno de esos incidentes ocurrió, las estaciones de radio y televisión entraban en cadena nacional. La música que suena mientras todas las emisoras se unen a la cadena es la de la marimba, nuestro instrumento nacional. Al igual que el acondicionamiento de Pavlov, los guatemaltecos nos estremecemos tan solo al escuchar el sonido de la marimba en la radio o televisión. Un sentimiento de incertidumbre nos invade. Nos es imposible evadir esa "memoria histórica", ha quedado grabada indeleblemente en nuestra "alma nacional".

[11] *Discipulando naciones; El poder de la verdad para transformar culturas.* Darrow L. Millar con Stan Guthrie. Fundación contra el Hambre Internacional, 1998.

[12] Énfasis del autor para destacar un concepto que utilizaremos más adelante.

[13] Ibíd, p. 35.

[14] *The New Internacional Dictionary of New Testament Theology*, Colin Brown, Editor; Zondervan Publishing House; volumen II, pp.198-205.

[15] *"… porque nada hay imposible para Dios"* (Lucas 1:37).

[16] *"Todo lo puedo en Cristo que me fortalece"* (Filipenses 4:13).

[17] Viene al caso la anécdota del escritor Ravi Zacharias en la página 57 del libro *Jesús entre otros dioses:*

"**¿Cuán científica es la ciencia?**
Cenaba con unos pocos eruditos, la mayoría de los cuales eran científicos, cuando nuestra discusión giró al conflicto entre el punto de partida de la ciencia, la naturaleza solamente, y el punto de partida del sobrenaturalismo, Dios como la única explicación suficiente de nuestro origen.
Les pregunté algo que le sería útil a usted en una clase de ciencias: "Si la gran explo-

sión fue en realidad en donde todo comenzó; lo cual bien puede aceptarse, al menos para apuntar esta manera de pensar de la ciencia; ¿puedo preguntarles qué precedió a la gran explosión?" Su respuesta, la cual yo había anticipado, fue que el universo se había encogido hasta la singularidad.

Seguí adelante: "¿Pero, no es correcto que una singularidad como la define la ciencia es un punto en el cual todas las leyes de la física se rompen?"

"Eso es correcto", fue su respuesta.

"Entonces, técnicamente, su punto de partida tampoco es científico."

Hubo un silencio. Sus expresiones mostraban que sus mentes estaban buscando una puerta de escape. No encontraron ninguna."

[18] *Discipulando naciones; El poder de la verdad para transformar culturas*, Darrow L. Millar con Stan Guthrie; Fundación contra el Hambre Internacional, 1998; pp. 34 y 35.

El príncipe de Grecia

En el libro del profeta Daniel nos encontramos con una entidad espiritual que responde al nombre de "príncipe de Grecia". La cita es breve, y casi podría pasar inadvertida si no conociéramos el concepto de *"los ángeles de las naciones"*. El conflicto entre el arcángel Gabriel y los dos principados espirituales llamados *"príncipe de Persia"* y *"príncipe de Grecia"* (Daniel 10:20) y la participación del arcángel Miguel en el conflicto (v. 21) nos ayudan a comprender la dinámica de la batalla espiritual que se libra en los lugares celestiales.[1]

Pero más importante aún, la referencia a este príncipe de Grecia da pie para comprender otros pasajes sumamente reveladores para el estudio que nos ocupa.

"Él me dijo: ¿Sabes por qué he venido a ti? Pues ahora tengo que volver para pelear contra el príncipe de Persia; y al terminar con él, el príncipe de Grecia vendrá. Pero yo te declararé lo que está

escrito en el libro de la verdad;
y ninguno me ayuda contra ellos, sino Miguel
vuestro príncipe" (Daniel 10:20-21).

"Volveos a la fortaleza, oh prisioneros de esperanza;
hoy también os anuncio que os restauraré el doble.
Por que he entesado para mí a Judá como arco,
*e hice a Efraín su flecha, y **despertaré a tus hijos,***
***oh Sion, contra tus hijos, oh Grecia**, y te pondré como*
espada de valiente" (Zacarías 9:12-13).

El capítulo segundo del libro de Daniel narra la historia sucedida al rey Nabucodonosor en el segundo año de su reinado. El rey tuvo sueños que le turbaron e hizo llamar magos, astrólogos, encantadores y caldeos para que le explicasen sus sueños y le diesen la interpretación. Los caldeos respondieron al rey diciendo, *"No hay hombre sobre la tierra que pueda declarar el asunto del rey; además de esto, ningún rey, príncipe ni señor preguntó cosa semejante a ningún mago ni astrólogo ni caldeo".* Cuando el profeta Daniel escuchó lo que pasaba pidió al rey que le diese tiempo y que él le mostraría la interpretación.

Después de solicitar la intercesión de sus compañeros Ananías, Misael y Azarías, Daniel recibió la revelación en visión de noche, por lo cual bendijo Daniel al Dios del cielo, y la hizo conocer al rey de esta manera, *"Tú, oh rey, veías, y he aquí una gran imagen. Esta imagen, que era muy grande, y cuya gloria era muy sublime, estaba en pie delante de ti, y su aspecto era terrible. **La cabeza de esta imagen era de oro fino; su pecho y sus brazos, de plata; su vientre y sus muslos, de bronce; sus piernas, de hierro; sus pies, en parte de hierro y en parte de barro cocido"*** (Daniel 2:31-33).

"Este es el sueño; también la interpretación de él diremos en presencia del rey. Tú, oh rey, eres rey de reyes; porque el Dios del cielo te ha dado reino, poder, fuerza y majestad. Y donde quiera que habitan hijos

de hombres, bestias del campo y aves del cielo, él los ha entregado en tu mano, y te ha dado el dominio sobre todo; tú eres aquella cabeza de oro. Y después de ti se levantará otro reino inferior al tuyo; y luego un tercer reino de bronce, el cual dominará sobre toda la tierra. Y el cuarto reino será fuerte como hierro; y como el hierro desmenuza y rompe todas las cosas, desmenuzará y quebrantará todo. Y lo que viste de los pies y los dedos, en parte de barro cocido de alfarero y en parte de hierro, será un reino dividido; mas habrá en él algo de la fuerza del hierro, así como viste hierro mezclado con barro cocido. Y por ser los dedos de los pies en parte de hierro y en parte de barro cocido, el reino será en parte fuerte, y en parte frágil. Así como viste el hierro mezclado por medio de alianzas humanas; pero no se unirán el uno con el otro, como el hierro no se mezcla con el barro" (Daniel 2:36-43).

Estos tres pasajes tienen un alcance mucho mayor del que normalmente les asignamos. Sus efectos llegan hasta nuestros días y, de hecho, su influencia se ha convertido en una de las principales fuerzas de oposición para el avance de la Iglesia en este tiempo final. Es indudable que se trata de un enemigo a vencer, especialmente en los países que han abrazado la así llamada "cultura occidental".

El orden cronológico de los pasajes es el siguiente:

1. Nabucodonosor, rey de babilonia, sueña un sueño perturbador, y Dios revela el sueño y otorga la interpretación a Daniel, su siervo.

2. Dios comisiona al arcángel Gabriel a darle la revelación del sueño a Daniel. El arcángel le dice que debe regresar a luchar contra el príncipe de Persia y después contra el siguiente, el príncipe de Grecia. (Todos los que hemos estudiado Historia Universal sabemos perfectamente bien que el Imperio Griego fue posterior al Persa.)

3. Por último, la profecía dada por Dios a través del profeta Zacarías. Esta profecía describe sucesos que no han sucedido aún, pero que sin duda están por realizarse para que se cumpla la Palabra que dice, *"Así que, arrepentíos y convertíos, para que sean borrados vuestros pecados; para que vengan de la presencia del Señor tiempos de refrigerio, y él envíe a Jesucristo, que os fue antes anunciado; a quien de cierto es necesario que el cielo reciba hasta los tiempos de la restauración de todas las cosas de que habló Dios por boca de sus santos profetas que han sido desde tiempo antiguo"* (Hechos 3:19-21).

La profecía de Zacarías sugiere otro enfrentamiento, ahora entre los hijos de Sion y los hijos de Grecia. Lo que nos lleva a preguntarnos, ¿quiénes son estos hijos de Grecia que menciona la Escritura? Podemos deducir con cierta facilidad que deben ser los descendientes de aquellos que dependieron de la acción del príncipe de Grecia. Sirva esto de trasfondo y pasemos a la trama de esta reveladora historia.

Daniel da al rey la interpretación de la visión describiendo una estatua que tiene la cabeza de oro, la misma que el profeta identifica con el imperio babilónico presidio por Nabucodonosor. *"...tú eres aquella cabeza de oro."*

"Y después de ti se levantará otro reino inferior al tuyo;", el pecho y los hombros de plata de la estatua representan un segundo reino, inferior al de Babilonia, del cual sabemos –por la Biblia y por la historia– que se trata del imperio persa.

"...y luego un tercer reino de bronce, el cual dominará sobre toda la tierra." El versículo 32 dice de la estatua que *"su vientre y sus muslos [eran] de bronce"*, refiriéndose precisamente al imperio griego y correspondiendo justamente a la revelación dada por el arcángel a Daniel cuando dijo que el imperio de Persia precedería al de Grecia. Del reino de Grecia se menciona una

característica que no había sido dicha antes: dominará sobre toda la Tierra.

Hemos llegado al punto de convergencia de las realidades natural, cultural y espiritual. El imperio griego en sí no dominó sobre toda la Tierra, pero el príncipe de Grecia y la cultura griega gobiernan aun hoy a través de lo que se denomina la "cultura occidental". Los ejemplos abundan: nuestro pensamiento, nuestra cultura y nuestras instituciones reflejan la influencia griega en todo aspecto y en todo momento. La filosofía, la lógica, la democracia, la república son palabras que vienen inmediatamente a la mente y demuestran la enorme influencia que el príncipe de Grecia tiene sobre toda la humanidad.

Me parece impresionante la exactitud de la Palabra cuando señala que el imperio griego estaba localizado en la estatua justo en el área de los órganos reproductivos, porque eso exactamente es lo que ha sucedido. Se ha reproducido y ha llegado a dominar sobre toda la Tierra a través de las ideas y la cultura.

Roma, por ejemplo, venció militarmente a Grecia, pero Grecia conquistó intelectualmente a Roma. Los romanos heredaron toda la cultura griega y su manera de pensar. Los romanos ni siquiera tuvieron un panteón de dioses propios, sino que lo que hicieron fue latinizar los nombres de los dioses griegos. La cultura griega se "reprodujo" una y otra vez avanzando a lo largo de toda la historia humana.

"Y el cuarto reino será fuerte como hierro; y como el hierro desmenuza y rompe todas las cosas, desmenuzará y quebrantará todo." Sabemos que el Imperio Romano sucedió al griego y que ciertamente se trató de un imperio fuerte como el hierro, y que ciertamente la marca del mismo es que desmenuzó y quebrantó todo lo que encontró a su paso. Tengo frescos en mi memoria los recuerdos de visitas a monumentos y ciudades antiguas que ahora se encuentran semidestruidas, pero que por la calidad de su construcción, podrían haber resistido los embates del tiempo de no haber

sido "visitados" por los romanos, quienes destruyeron muchas de sus edificaciones.

"Y lo que viste de los pies y los dedos, en parte de barro cocido de alfarero y en parte de hierro, será un reino dividido; mas habrá en él algo de la fuerza del hierro, así como viste hierro mezclado con barro cocido. Y por ser los dedos de los pies en parte de hierro y en parte de barro cocido, el reino será en parte fuerte, y en parte frágil. Así como viste el hierro mezclado por medio de alianzas humanas; pero no se unirán el uno con el otro, como el hierro no se mezcla con el barro." Hoy, la profecía bíblica se desarrolla delante de nuestros ojos. Somos testigos de cómo la Comunidad Europea, a través de alianzas humanas está dando forma a este quinto reino. Parece casi imposible que Europa, que tuvo en los últimos quince siglos una guerra cada veinticinco años, y dos guerras mundiales en el siglo XX^2, haya logrado en cuarenta y cinco años llegar al nivel de unidad que tiene hoy. Pero, así estaba profetizado.

"Y en los días de estos reyes el Dios del cielo levantará un reino que no será jamás destruido, ni será el reino dejado a otro pueblo; desmenuzará y consumirá a todos estos reinos, pero él permanecerá para siempre" (Daniel 2:44). ¡Gloria a Dios! Lo que viene será extraordinario. Jesucristo reinará para siempre y su reino no tendrá fin, justo como se lo anunció el arcángel Gabriel a María en Lucas 1:32-33.

Regresemos ahora al príncipe de Grecia.

Como decíamos antes, los poderes influencian a la cultura y esta determina el estado de la sociedad. Las características del ser espiritual se ven reflejadas en sus servidores (ver Salmo 115:8 y Efesios 4:13), tanto así que llega un momento en el que es prácticamente imposible distinguir uno del otro. Se me ocurre mencionar el caso de Jezabel. Primero, la conocemos como una mujer de carne y hueso, la esposa de Acab. Luego, por las características demoníacas con las que actúa, aprendemos a reconocer al espíritu inmundo que opera de esa manera. Aprendemos a llamarlo "el espíritu de Jezabel" y definimos sus características.

Más adelante, en Apocalipsis capítulo 2, reaparece su nombre en la Biblia. Allí la vemos como una mujer que se dice ser profetisa, otra vez de carne y hueso. Sin embargo, podemos reconocer características espirituales en ella que nos hacen pensar que se trata del mismo espíritu inmundo en una época diferente, con efectos similares sobre otra mujer. Concluimos que la Biblia nos ayuda, por medio de la repetición del nombre, a identificar ese espíritu.

También el espíritu llamado príncipe de Grecia posee ciertas características que harán necesario su confrontación por parte de los hijos de Sion.

La lista de características que hacemos a continuación pertenecen al príncipe de Grecia –un ser espiritual, claro está– que se proyecta a sí mismo al producir una cultura, una manera de pensar, una cosmovisión que llega a convertirse en la manera de ser y de expresarse de los griegos. Con la añadida peculiaridad de que este espíritu, a fin de "dominar sobre toda la Tierra" genera una cultura que se reproduce del vientre y los lomos, a las piernas y a los pies de la imagen y de la historia humana.

Características de la cultura griega que demuestran su influencia sobre toda la Tierra, a través de la denominada "cultura occidental":

1. Humanismo. El humanismo comenzó a brillar en la cultura desde que Heráclito pronunció sus tres máximas. Destronó a Dios del centro de atención y colocó a un nuevo dios: el hombre como centro de toda la creación y como la medida de todas las cosas. El humanismo trajo consigo el relativismo. Terminó con los absolutos e implantó un sistema moral relativo, en donde cada uno decide lo que es bueno o malo. ¡Qué contrario al pensamiento bíblico en donde contamos con un Dios absoluto que ha predeterminado de antemano lo bueno y lo malo!

2. Intelectualismo. Adoración por la razón, el conocimiento y la lógica. La filosofía griega sigue siendo el parámetro de la cultura. Los clásicos, como se los suele llamar, no pasan de moda; avanzan sin cesar a través de los tiempos y las generaciones. El elemento importante a considerar en cuanto al intelectualismo es que niega completamente todo aquello que no puede explicar, alude claramente a la fe, pues esta no puede ser explicada a través del método científico. Aquí reside uno de los mayores desafíos para la iglesia occidental. Debido a la inmensa penetración del pensamiento griego en la cultura, la Iglesia misma ha sido permeada por esta manera de pensar, corre el riesgo de eliminar lo sobrenatural. *Niega* la existencia de los demonios, e impide así la liberación, que era una de las tres áreas de ministerio del Señor Jesús. *Resiste* lo sobrenatural y *elimina* el ministerio de sanidad divina, que era la segunda área de ministerio de Jesucristo. Y aún cuando sí practica el "predicar y enseñar", lo hace según patrones naturales –no sobrenaturales– de pensamiento. *Descarta* de la Palabra los dones del Espíritu, *elimina* ministerios, *humaniza* la Palabra y, en algunos casos extremos, su lenguaje *cambia* (llegan a describir a Dios como "lo" y no Él), e intentan ser políticamente correctos. Es imposible hacer todo esto sin ofender a Dios y contristar al Espíritu Santo.

3. Amor por la belleza, la estética. Un exacerbado interés por lo que es bello con el consiguiente riesgo de adorar lo creado en lugar de adorar al Creador. Los griegos fueron maestros en la pintura, la escultura, la arquitectura... en todas las artes.

4. Amor, casi adoración, por el cuerpo humano. Exaltaron de tal manera el cuerpo humano que se convirtió en objeto de

pasión, lascivia y, prácticamente, de adoración. Aun hoy vemos manifestaciones de esta conducta, especialmente en naciones occidentales en las que el deporte, el ejercicio físico, las dietas, los desórdenes alimenticios como la anorexia y la bulimia, la cirugía estética y otros hacen que el ser humano lleve el cuidado de su cuerpo hasta extremos que rayan en lo absurdo. A nadie escapa el hecho de que la belleza física es el atributo más apreciado en el mundo y su publicidad nos bombardea incesantemente con un prototipo "occidental". Por supuesto que esta admiración por la belleza del cuerpo humano ha llevado al hombre a un estado de corrupción en el cual todo pecado sexual es poco y toda perversión es practicada y mostrada con lujo de detalles. La pornografía es un resultado directo de esta característica. Lo tremendo es que esto unido al intelectualismo, al humanismo y al amor al cuerpo, resulta naturalmente en la aceptación de conductas sexuales aberrantes, entre las que podemos mencionar el homosexualismo. ¡Es inconcebible que aun la Iglesia ha llegado a ordenar ministros homosexuales, en desafío abierto a la Palabra de Dios (1 Corintios 6:9-10).

5. Amor por los deportes. Las olimpíadas tiene su origen en Grecia. Hoy continuamos celebrándolas cada cuatro años. La ceremonia se inicia desde el altar de Apolos, donde encienden la llama olímpica que hace un peregrinaje por toda la Tierra hasta llegar a la nación sede de ese año. En el pasado, los griegos ascendían a los ganadores de las justas a una calidad de semidioses. No hemos cambiado tanto, solo vea cómo el público aclama a los deportistas exitosos, los coloca en los primeros lugares de las listas de celebridades y en las listas de quienes más dinero ganan. Es francamente ridículo que un deportista en el mundo occidental gane en un día lo que un obrero jamás llegará a ganar

en toda una vida de duro trabajo. Sin embargo, es conocido que no solo el dinero es la paga de la celebridad. La expresión "me he acostado con más de mil mujeres" es una especie de trofeo para muchos deportistas, aunque al final la frase venga de alguien que tiene <u>SIDA</u>.

Con qué meridiana claridad describe Pablo lo que sucedía a su alrededor, y qué validez continúan teniendo estas palabras el día de hoy.

"Porque las cosas invisibles de él, su eterno poder y deidad, se hacen claramente visibles desde la creación del mundo, siendo entendidas por medio de las cosas hechas, de modo que no tienen excusa. Pues habiendo conocido a Dios, no le glorificaron como a Dios, ni le dieron gracias, sino que se envanecieron en sus razonamientos, y su necio corazón fue entenebrecido. Profesando ser sabios, se hicieron necios, y cambiaron la gloria de Dios incorruptible en semejanza de imagen de hombre corruptible, de aves, de cuadrúpedos y de reptiles. Por lo cual también Dios los entregó a la inmundicia, en las concupiscencias de sus corazones, de modo que deshonraron entre sí sus propios cuerpos, ya que cambiaron la verdad de Dios por la mentira, honrando y dando culto a las criaturas antes que al Creador, el cual es bendito por los siglos. Amén. Por esto Dios los entregó a pasiones vergonzosas; pues aún sus mujeres cambiaron el uso natural por el que es contra naturaleza, y de igual modo también los hombres, dejando el uso natural de la mujer, se encendieron en su lascivia unos con otros, cometiendo hechos vergonzosos hombres con hombres, y recibiendo en sí mismos la retribución debida a su extravío. Y como ellos no aprobaron el tener en cuenta a Dios, Dios los entregó a una mente reprobada, para hacer cosas que no convienen" (Romanos 1:20-28).

Si bien hemos descrito algunas de las características de la historia y la cultura griega, mi deseo es exponer la influencia que tuvo el príncipe de Grecia, un ser espiritual, que ha trascendido al imperio griego para proyectarse sobre toda la Tierra, y la ha dominado como lo dijera la revelación de Daniel. Si examinamos a las naciones que se consideran parte de la cultura occidental, encontraremos que todas ellas coinciden con estas características. Doy fe de que el príncipe de Grecia ha logrado su cometido.

Pero Dios, que es rico en misericordia, tiene preparados a los hijos de Sion para que se levanten en contra de los hijos de Grecia, y será Dios quien los ponga "como espada de valiente".

Interpreto esta parte como el reto de demostrar el poder del Dios vivo. Hoy más que nunca es imperativo que la Iglesia vuelva al poder sobrenatural que era la marca de la iglesia primitiva. Necesitamos una vuelta a la predicación apostólica original del Evangelio.

Atendamos a Pablo cuando dice, *"y ni mi palabra ni mi predicación fue con palabras persuasivas de humana sabiduría, sino con demostración del Espíritu y de poder para que vuestra fe no esté fundada en la sabiduría de los hombres, sino en el poder de Dios"* (1 Corintios 2:4-5).

He visitado muchos países para predicar el Evangelio y tengo vívidos recuerdos de cada uno. Pero sin duda ocupan un especial lugar los recuerdos de los encuentros con este principado. Todos los argumentos, la lógica y los razonamientos que se interponen como una pared "insalvable" entre las personas y el mensaje, caen destruidos en un abrir y cerrar de ojos cuando se produce un milagro y se demuestra que Dios está presente y que *"Jesucristo es el mismo ayer, y hoy, y por los siglos"* (Hebreos 1:8).

Aguardamos por una mayor demostración del poder sobrenatural de Dios a través de los milagros, señales y prodigios, los dones del Espíritu como los dones de sanidades, el don de fe o el don de hacer milagros, los ministerios sobrenaturales como el del profeta o el del apóstol; en fin, el uso de las armas poderosas que Dios ha provisto para su Iglesia. Esto será lo que destruirá el señorío del espíritu de Grecia.

Notas

[1] El pasaje nos habla de una entidad espiritual, uno de los poderes, un principado denominado *"príncipe de Persia"*. Este es un principado que lucha contra los arcángeles Miguel y Gabriel porque es enemigo del pueblo de Israel. En este momento histórico fueron doblemente cautivos al serlo primero de Babilonia y después de Persia, cuando Persia sometió a Babilonia. La realidad histórica ilustra y comprueba el conflicto que se llevó a cabo en los aires. El mundo visible es el resultado de la dinámica llevada a cabo en el mundo invisible. Recordemos que lo que vemos es un reflejo de lo que no se ve.

[2] *Un continente en busca de un líder*, José D. Batista; p. 41.

Somos el resultado de lo que creemos

Los paradigmas

Hemos llegado a entender que para el creyente los paradigmas son aquellas estructuras mentales firmes, resistentes al cambio y casi siempre negativas, que gradualmente reducen la visión, la esperanza y la fe.

También entendemos ahora que los paradigmas están formados por pensamientos que se aglutinan en conceptos y van dando forma a nuestra manera de pensar, para culminar afectando directamente nuestra conducta.

El peligro radica en el hecho que una vez que una persona recibe un paradigma, pasa a almacenarlo en su memoria y no vuelve a cuestionarlo más; lo acepta como la verdad definitiva, sin percatarse que en realidad se ha convertido en un esclavo del paradigma. En otras palabras, los paradigmas vienen a ser bloqueos mentales –más sólidos que una pared de concreto armado– que nos separan de las bendiciones que Dios desea otorgarnos.

He conocido personas que no aceptan la sanidad divina porque les enseñaron que Dios ya no sana hoy. Ellos recibieron la enseñanza, la guardaron en su corazón y la hicieron suya. Cuando llega la enfermedad, acuden al médico y buscan alivio por todos los medios naturales disponibles. Sin embargo, sus paradigmas les impiden esperar un milagro de sanidad, les prohíben literalmente creer a Dios por una intervención divina.

En una oportunidad me encontraba en México en una reunión. Descendió la gloria de Dios con gran poder y la virtud sanadora de Cristo comenzó a sanar a todos los que necesitaban sanidad. Recibí de Dios una palabra de conocimiento e invité a aquellos que tenían problemas para caminar a que pasaran al altar. Llegaron los que estaban en silla de ruedas, se acercaron los que caminaban con la ayuda de un andador, en fin, el área frente a la plataforma estaba repleta de personas. Pronto, Dios comenzó a tocar a cada uno... los paralíticos se levantaron de sus de ruedas; los bastones, muletas y andadores fueron dando paso al gozo, al llanto y a expresiones de gratitud a Dios por sus milagros.

Yo, que contemplaba todo desde la plataforma, me percaté que una hermana, una señora de edad avanzada, permanecía inmóvil.

–Hermana, ¿desea que ore por usted?– le pregunté acercándome a ella.

–Yo no puedo caminar– respondió.

–Pero, ¿ve usted lo que Dios está haciendo? ¿Se da cuenta de los milagros que están pasando a su alrededor?– inquirí.

–Yo no puedo caminar– me repitió."

Volví a la carga, invitándola, desafiándola a creer.

–Ya le dije que yo no puedo caminar– insistió.

Bueno, yo perdí un poco la paciencia.

—Yo no le pregunto si puede caminar. Yo le pregunto si usted desea recibir un milagro de Dios.

—*Yo no puedo caminar.*"

A estas alturas yo ya estaba muy enojado con el diablo al percibir que las fortalezas mentales de esta mujer la tenían totalmente aprisionada. Como queriendo proceder contra esas fortalezas mentales, alcé mi mano y con fuerza la "impuse" sobre la espalda de ella. Ante el golpe —y para sorpresa de todos— la mujer comenzó a correr. No solo caminó. Ella corría delante de todos nosotros. Sí, hubo necesidad de darle "un pequeño empujón", pero logró zafarse de las cadenas de prisión a las que había estado sometida por causa de lo que creía con todo su corazón (ver Proverbios 23:7).

Me viene a la memoria otro ejemplo. Una pareja de amados hermanos, que ahora pastorean una preciosa iglesia El Shaddai en los Estados Unidos, me contó un testimonio que ilustra perfectamente lo que tratamos de exponer.

Me contaron cómo se manifestó un espíritu inmundo en una empleada que trabajaba para ellos. De acuerdo a sus paradigmas teológicos de ese entonces, "no era posible que una persona fuera demonizada". Con la evidencia que tenían enfrente y la necesidad, pidieron ayuda a sus autoridades espirituales, quienes desecharon el asunto de inmediato explicándoles "que no eso no existe". Ante la ausencia de respuestas, recurrieron a la Biblia, y de inmediato descubrieron que la Biblia y sus paradigmas estaban en conflicto. Gracias a Dios, decidieron cambiar su paradigma y creerle a la Biblia. Hoy, esta pareja predica el evangelio, pastorea una red de iglesias, ministra en el poder del Espíritu Santo y echa fuera demonios; en fin, hace todo lo que la Biblia dice que los creyentes deben hacer.

Los paradigmas, claro está, pueden ser acerca de muchos temas diferentes, pero tienen una característica común. Nos inhiben de buscar una alternativa de bendición. Nos aprisionan en lo que llamo "la fortaleza de la imposibilidad". O sea, una vez que una persona está convencida de que algo le es imposible, ni siquiera lo intenta.

Los paradigmas son ideas que nos impiden cambiar, nos impiden creer y esperar recibir bendiciones de parte Dios. Son estructuras intelectuales y emocionales que nos adhieren a la realidad presente.

La necesidad de renovar continuamente nuestro entendimiento a través de la Palabra de Dios se hace imprescindible, si es que hemos de avanzar. Me viene a la mente la cita del doctor José Batista: "El cambio no es aprender, es desaprender; el desaprender produce sufrimiento, puesto que la lucha contra las grabaciones neurofisiológicas grabadas por las experiencias, los refuerzos y las consideraciones, mantienen a la persona atada a la realidad presente. Aprender es el ejercicio de seguir avanzando en la realidad conocida que, como no hace reto al sistema neurofisiológico, no produce sufrimiento; por lo tanto, no se rechaza. El problema es serio cuando aquél es confrontado con la nueva realidad, que demanda un cambio; entonces está totalmente desarmado para el cambio, puesto que se niega a sufrir"[1]

El ser humano prefiere quedarse a vivir en un territorio conocido, aunque este en realidad sea una prisión, con tal de evitarse el sufrimiento que significa el cambio, como lo explica el Dr. Batista.

Si queremos identificar los paradigmas que nos dominan, basta con revisar nuestra reacción cuando somos desafiados a creer en Dios. Cuando la Palabra de Dios, una prédica o un amigo se acerca y nos invita a estirar nuestra fe, a creerle a Dios por algo mayor de lo que estamos acostumbrados a creer, solemos ventilar todas las excusas, frustraciones y paradigmas que hemos memorizado. En este sentido, los paradigmas pueden funcionar como una especie de mecanismo de defensa.

Permítame mostrarle un ejemplo de la palabra de Dios que viene, nada menos, que del padre de la fe: Abraham.

"Después de estas cosas vino la palabra de Jehová a Abram en visión, diciendo: No temas, Abram; yo soy tu escudo, y tu galardón será sobremanera grande" (Génesis 15:1).

¡Qué salutación de parte de Dios! Me imagino que usted y yo nos sentiríamos sobrecogidos ante un saludo semejante de parte de Dios. Bueno, a lo mejor no sería así. Mire usted lo que sucedió con Abram.

"Y respondió Abram: Señor Jehová, ¿Qué me darás, siendo así que ando sin hijo, y el mayordomo de mi casa es ese damasceno Eliezer? Dijo también Abram: Mira que no me has dado prole, y he aquí que será mi heredero un esclavo nacido en mi casa" (vv. 2-3)

Como usted ve, Abram tenía ciertos paradigmas, ciertas ideas que ya habían tomado forma en su mente y se habían convertido en todo un argumento. En vez de gozarse y emocionarse por la salutación de Dios, ni siquiera se percata que Dios le está diciendo: *"No temas"*. Además añade, *"Yo soy tu escudo"*. Como si eso no fuera suficiente, continúa diciéndole, *"tu galardón será sobremanera grande"*. No era un galardón grande, sino <u>sobremanera</u> grande.

¿Qué sucede con Abram? Él está muy ocupado con sus propios paradigmas como para enterarse de la bendición que Dios desea concederle. Y no solamente no advierte la bendición, ¡sino que se queja y hasta culpa a Dios!

"¿Qué me darás, siendo así que ando sin hijo, y el mayordomo de mi casa [un esclavo] será mi heredero?" ¿Nota que Abram hasta decidió ya quién será su heredero? ¡Así de grande sería su frustración! Increpa a Dios diciéndole: *"Mira que no me has dado prole"*.

¿Qué hace Dios al encontrar a Abram en este estado?

Trata a Abram con amor, y nos muestra precisamente qué es lo que se necesita para destruir los paradigmas.

"Luego vino a él palabra de Jehová diciendo:
No te heredará éste, sino un hijo tuyo será el que te heredará.
Y lo llevó fuera, y le dijo: Mira ahora los cielos, y cuenta las
estrellas, si las puedes contar. Y le dijo: Así será tu
descendencia" (vv. 4-5)

Puedo imaginarme a Dios rodeando los hombros de Abram con su brazo afectuoso y llevándole afuera, para ver el firmamento... Con el cielo estrellado enfrente, lo desafía a contar las estrellas sabiendo, por supuesto, que es imposible contarlas, pues son innumerables. Y, luego, viene la palabra clave: *"Así será tu descendencia".* La palabra <u>así</u> significa que Dios le dio un modelo, una visión. A partir de ese momento Abram llevó en su corazón una foto, una imagen, una visión de la voluntad de Dios para su futuro.

Una visión de Dios desmenuza los paradigmas que habían llegado a inmovilizar nuestra fe. **La visión de bendición que proviene siempre de Dios (y/o de su Palabra) despertará en nosotros la esperanza, y la esperanza es la base de la fe** (ver Hebreos 11:1).

Decíamos que los paradigmas pueden ser de cualquier naturaleza. Los hay de todas clases: nacionales, emocionales, científicos... Resultan especialmente interesantes los de índole científica, porque hay expertos en cada área de la ciencia que todo el tiempo anuncian lo que no puede hacerse para luego tener que retractarse cuando otros científicos emprendedores (a veces hasta estudiantes) logran precisamente "lo que no se puede".

Pero nuestro interés se centra en los paradigmas teológicos: ideas que provienen de la tradición, de la religión o de la interpretación bíblica, y que han sido aceptados como verdades y no se cuestionan más. A lo mejor fueron absolutamente válidas en otro tiempo, o puede ser que tengan <u>apariencia</u> de verdad; aún así no podemos obviar el hecho de que son paradigmas porque no son cuestionados. Se aceptan como la verdad absoluta.

Los paradigmas afectan directamente la cosmovisión, que como dijimos antes, consiste en la forma de interpretar la realidad que nos rodea. Percibimos lo que sucede a nuestro alrededor a través de las fortalezas y los paradigmas que operan en nuestra mente.

El nivel de nuestra esperanza y la operación de nuestra fe dependen de lo que "creemos".

"Vé y como creíste, te sea hecho" (Mateo 8:13).

Dios nos manda a renovar nuestro entendimiento con el fin de que lo que creamos coincida con lo que Él desea para nosotros.

*"Amado, yo deseo que tú seas prosperado en todas las cosas, y que tengas salud, **así como prospera tu alma** "* (3 Juan 2).

En la medida que hacemos prosperar nuestra alma a través de la palabra de Dios, los paradigmas son destruidos, y podemos creerle a Dios para recibir lo que Él ha provisto para nosotros a través del sacrificio de Cristo. En este particular versículo, prosperidad y salud.

Si los paradigmas no nos permiten creer por una particular bendición, simplemente no podemos funcionar en el espíritu de fe, y sabemos que sin fe es imposible agradar a Dios. La dinámica de la fe y la confesión descansan sobre el hecho más significativo del cristianismo: creer.

"Pero teniendo el mismo espíritu de fe, conforme
a lo que está escrito: Creí, por lo cual hablé,
nosotros también creemos, por lo
cual también hablamos" (2 Corintios 4:13).

Como creyentes, se espera de nosotros que operemos con una cosmovisión bíblica, que poseamos los principios y valores que proviene de la palabra de Dios. En dos palabras, que tengamos una *"cultura cristiana"*.

Solamente si tenemos una cultura cristiana podremos dar testimonio de Dios, podremos ser agentes de transformación y podremos vivir la vida en abundancia que Él vino a proveer para nosotros.

Nuestra iglesia está trabajando en una zona muy pobre de nuestro país. El ministerio "Manos de Amor" se encarga de abrir colegios rurales, operar comedores, organizar cruzadas médicas y dentales, además de repartir alimentos y, por supuesto, predicar la Palabra de Dios. Cuando visitamos esta área, recientemente, me conmovió ver la pobreza con la que nuestra gente vive. Pero me sentí aun más sacudido cuando me enteré que en esa aldea, viven treinta y siete familias y ¡treinta y cinco de ellas son cristianas!

Quiere decir que llegó el cristianismo, llegó la Palabra y, gracias a Dios, llegó la salvación espiritual, pero los paradigmas que todavía se manejan en la Iglesia mantienen a nuestra gente bajo un espíritu y una cultura de pobreza.

Parece mentira comprobar la más profunda pobreza en la que viven estas personas, en medio de una gran riqueza de recursos naturales. Pero, lamentablemente, es la historia de nuestra América Latina.

¿Por qué somos pobres? Porque pensamos como pobres.

Necesitamos destruir con la Palabra de Dios los paradigmas que nos mantienen presos. Necesitamos dar lugar a Dios en nuestras mentes y permitir que ensanche nuestra visión.

"Pero sin fe es imposible agradar a Dios; porque es necesario que el que se acerca a Dios crea que le hay, y que es galardonador de los que le buscan" (Hebreos 11:6).

"Mas el justo por su fe vivirá" (Habacuc 2:4b).

La cosmovisión; la historia que creemos

Darrow L. Miller nos proporciona un concepto especialmente útil para ilustrar el tema de los paradigmas y la cosmovisión; él dice: "Cada quien tiene una historia".[2] Según Miller, la cosmovisión es igual al conjunto de creencias que impiden que se vea "toda" la realidad. Al igual que Weber, Miller coloca la raíz de la pobreza en el campo de las ideas, de los paradigmas, de la cosmovisión.

Continuo citando a Miller: **"La pobreza física no simplemente 'sucede'. Es la consecuencia lógica de la manera en la que las personas se ven a sí mismas y de la manera en que ven al mundo;** de las historias metafísicas que se cuentan a sí mismos para entender su mundo. **La pobreza física está enraizada en una cultura de pobreza: un conjunto de ideas en las cuales se cree como grupo, ideas que producen ciertas conductas, las cuales a su vez traen como consecuencia la pobreza.** La gente que tiene una mentalidad de pobreza ve el mundo a través de los lentes de la pobreza. Dicen, o sus acciones lo dicen: 'Yo soy pobre. Siempre voy a ser pobre y no hay nada que pueda hacer al respecto'. O como muchos dicen el día de hoy: 'Yo soy pobre porque otros me han hecho pobre. Ellos son los que deben resolver mi problema. Yo no puedo hacerlo'. **Esta mentalidad de indigencia tiene consecuencias en el mundo físico, dejando a la gente pobre y con hambre, y sin la capacidad de siquiera imaginar que hay alguna vía de escape".**[3]

La cultura es lo que importa

En el año 2002 predicaba en la ciudad de Los Ángeles, California, en los EE.UU., cuando mencioné algunos de estos conceptos. Cuando concluí se me acercó el Dr. Carlos Quintero, Pastor en Pasadena y buen amigo. Me preguntó: "¿Has leído el libro *Culture Matters*?" Yo contesté que no y Carlos captó mi interés cuando me dijo: "Muchos de los conceptos que tú mencionas, están en ese libro".

Compré el libro y mi entusiasmo crecía a medida que avanzaba en mi lectura. Podía identificarme mucho con lo que leía. Parecía que lo que yo había estado pensando y descubriendo se veía confirmado en las páginas que tenía enfrente. Fue muy emocionante.

Hacía ya mucho tiempo que me sentía preocupado por la situación de nuestro continente. Abrumado por la pobreza que se ve en todos los países latinoamericanos (y en otros países en diferentes latitudes), siempre he estado a la búsqueda de respuestas. He estudiado mi Biblia y he orado a Dios por un entendimiento que pueda brindar soluciones para nuestros problemas.

El libro *Culture Matters*, que ahora ha sido traducido al castellano bajo el título *La cultura es lo que importa,* es el resultado de un simposio realizado en la Universidad Harvard bajo la dirección de uno de los editores del libro, el Dr. Lawrence Harrison.

Recibí tanta inspiración por el trabajo del Dr. Harrison, (pronto encontré que había escrito tres libros más: *El subdesarrollo está en la mente*; *Quiénes prosperan*, y *El sueño panamericano*) que me puse en contacto con él y lo invité a Guatemala para que dirigiera nuestra Primera Conferencia sobre el Desarrollo, auspiciada por el Centro de Estudios e Investigación para el Desarrollo de América Latina –CEIDAL– una entidad que fundamos recientemente. Quise hacer esta mención por el profundo respeto que tengo por el profesor Harrison y por sus ideas.

El colonialismo, la dependencia y la geografía

Tradicionalmente, cuando se trataba de explicar el fenómeno de la pobreza y el subdesarrollo, se recurría a las siguientes teorías:

1. El colonialismo o imperialismo básicamente decía: "Somos pobres porque los imperios nos han explotado. Ellos se han hecho ricos a costa de nosotros".

2. Mientras que la teoría de la dependencia decía: "Somos pobres porque los países capitalistas ricos nos hacen pobres. Compran nuestros productos a muy bajo precio y nos venden sus productos a precio alto".

3. Por último, estaban los que explicaban la pobreza y el subdesarrollo como una consecuencia natural del clima y la posición

geográfica. Los países ricos se encuentran en las zonas templadas y los pobres, en las regiones tropicales.

Hoy todas estas teorías han sido rebasadas; en parte debido a las abundantes excepciones.

Las que fueron colonias –como Hong Kong, Singapur, Corea del Sur y Taiwán– hoy son países prósperos que han ingresado al "primer mundo". Es más, debemos recordar que los EE.UU., Australia, Nueva Zelanda y otros que se encuentran en la lista de los países más desarrollados, comenzaron su vida como colonias. Por otro lado, la nación que tiene el más alto ingreso *per cápita* es Suiza, que nunca fue colonia ni imperio.

Respecto de la posición geográfica, Taiwán, Hong Kong y Singapur son países localizados en zonas tropicales y, además, son países desarrollados que han vencido a la pobreza. En nuestra región hay otros que se encuentran en el camino hacia el desarrollo, como Costa Rica y Barbados, y ambos países son tropicales.

Ante el vacío de explicaciones, surge la tesis "culturalista" que afirma que el desarrollo depende de los factores culturales de la sociedad. Yo quisiera enunciarlo de esta manera:

La cultura determina el estado de la sociedad.

Para mí se trata una consecuencia natural de la influencia de los poderes. Dependiendo del poder que ejerza señorío sobre un determinado territorio, así será la influencia que ejercerá sobre sus habitantes (su influencia es directamente proporcional a la lealtad que los hombres le hayan otorgado).[4]

Los hombres, al haber sido influenciados por los poderes, desarrollan una manera de pensar con ideas, paradigmas y explicaciones para su entorno y su vida, interpretan su pasado y predicen su futuro. En fin, generan una cosmovisión y una cultura que no solamente les da identidad y unidad como pueblo, sino que también se convierte en el factor determinante de su situación.

Vemos pues que la pobreza no solo tiene sus orígenes en el plano de las ideas, sino que estas son solamente un intermediario entre el reino espiritual y el natural.

La pobreza –como todas las cosas– tiene su origen en el mundo espiritual.

Coincido perfectamente con la apreciación expuesta por el escritor y reformador social Vishal Mangalwadi. Él dice que "La intención de Dios era que el hombre viviera en un huerto; el pecado lo ha confinado a vivir en asentamientos de pobreza. El evangelio es el poder de Dios para salvarnos del pecado... y también de sus consecuencias".[5]

Estamos hablando de los paradigmas, la cosmovisión y la cultura, con el objetivo de llegar a cambiar la idea que tenemos que nos dice que la única finalidad del Evangelio es la conversión de las personas. Tal parece que lo único que hemos perseguido en el pasado es que la persona haga su "profesión de fe".

Yo encuentro que Jesús fue a la cruz para devolver al hombre al lugar original de dignidad donde Dios lo había colocado en la creación. Un lugar de señorío, un lugar de comunión íntima con Dios.

Cuando Cristo otorga la salvación al hombre a través de su sangre, le da restitución, restauración, lo lleva de nuevo a un sitio de identidad con Dios. Nacer de nuevo es mucho más que solo repetir la oración del pecador.

Mi corazón está muy cargado por causa de la necesidad en nuestro continente. No puedo aceptar que nos resignemos a predicar un evangelio incompleto.

Nadie aceptaría la idea de que evangelicemos a un alcohólico y que luego que ha recibido a Cristo como su Señor y Salvador, se convierta en un alcohólico cristiano. Por supuesto que esperamos un cambio, una mejoría.

Si vemos a un enfermo y le predicamos el Evangelio, esperamos que se convierta y sea sano. Si nos resistimos a dejarlo esclavizado a la enfermedad, ¿cómo es posible que aceptemos tan fácilmente dejar a una persona sujeta a la pobreza?[6]

El creyente necesita una transformación integral, una que incluya la renovación del entendimiento y la adopción de una cosmovisión absolutamente bíblica, para que produzca el resultado que Dios nos recomienda en Josué 1:9: *"Nunca se apartará de tu boca este libro de la ley, sino que de día y de noche meditarás en él, para que guardes y hagas conforme a todo lo que en él está escrito; **porque entonces harás prosperar tu camino**, y todo te saldrá bien".*

NOTAS

[1] *Un Continente en busca de un líder*, José D. Batista; Ediciones Casa de Pan; p. 14.

[2] *Discipulando naciones; el poder de la verdad para transformar culturas.* Darrow L. Miller con Stan Guthrie. Fundación contra el Hambre Internacional, 1998; p. 31

[3] *Discipulando naciones; el poder de la verdad para transformar culturas.* Darrow L. Millar con Stan Guthrie. Fundación contra el Hambre Internacional, 1998; p. 63.

[4] Le sugiero examinar de nuevo las afirmaciones hechas en los cuatro puntos descritos en los literales "a" a la "d", pp. 92-94 del libro *De victoria en victoria*.

[5] Del Prólogo de *Discipulando naciones*; p. 13.

[6] ¿Por qué hemos de resignarnos a dejar a nuestros hermanos en la pobreza y la necesidad cuando han recibido en su corazón al Rey de reyes y Señor de señores? Como si se tratase de una justificación se cita la Escritura que dice que *"siempre tendréis pobres con vosotros"* y se olvida que Jesús fue ungido para dar buenas nuevas a los pobres, y que se hizo pobreza para que fuésemos enriquecidos? (Mateo 26:11; Lucas 4:18; 2 Corintios 8:9).

Capítulo 6

La cultura

La tesis culturalista, de la que participamos plenamente, afirma que la diferencia entre los países desarrollados y los subdesarrollados no se debe a la geografía ni al imperialismo. Más bien es el producto directo de nuestros *valores culturales*. Para ello necesitamos definir la cultura, y familiarizarnos con ciertos conceptos como los principios, los valores y las virtudes.

Tratar de definir la palabra *cultura* puede ser una tarea bastante interesante.

"*Cultura* es una palabra que tiene ya tantos significados que uno más no puede hacerle daño", afirma Edward T. Hall y continúa, "para los antropólogos la cultura ha sido aquello que constituye la manera de vivir de la gente, la suma de los patrones de conducta aprendidos, actitudes y cosas materiales. A pesar de que el concepto de cultura fue definido por escrito por primera vez en 1871 por E. B. Taylor, después de todos estos años todavía carece de la rigurosa especificidad que caracteriza a otras ideas mucho menos revolucionarias y útiles."[1]

Por su parte, Richard A. Shweder expresa: "¿Qué entiendo por cultura? Me refiero a ideas específicas de la comunidad sobre qué es verdadero, bueno, hermoso y suficiente. Para ser "culturales", esas ideas sobre la verdad, la bondad, la belleza y la eficiencia deben ser socialmente heredadas y acostumbradas, y deben ser verdaderamente constituidas en diferentes modos de vida. Dicho de otra manera, la cultura se refiere a lo que Isaiah Berlin llamaba 'metas, valores e imágenes del mundo', que se manifiestan en la palabra, en las leyes y en las prácticas rutinarias de algún grupo que se monitorea a sí mismo"[2]

A lo anterior, podemos agregar lo que dice Charles H. Kraft: "La cultura puede ser definida como la 'vida total de un pueblo, el legado social que el individuo recibe de su grupo, el diseño para vivir la vida' (Kluckhohn, 1949a:17). O, para ser más específicos, podemos ver la cultura como un complejo mecanismo de supervivencia, que consiste de conceptos y patrones aprendidos, además de las perspectivas fundamentales (la cosmovisión), y los artefactos resultantes (cultura material)".[3] Añade además, "La cultura consiste de dos niveles: el nivel de la conducta en la superficie, y el nivel profundo de la cosmovisión. En el centro de la cultura y por tanto, en el corazón de la vida humana, descansa la estructura de las asunciones básicas, los valores y las lealtades, en termino de los cuales las personas interpretan y se comportan. A estas asunciones, valores y lealtades las llamamos *cosmovisión*".[4]

"Cultura es una palabra de amplísimo contenido", afirma Mariano Grondona. "Decimos que es *cultural* todo aquello que no sea obra de la naturaleza, sino del hombre. Cultura no es solo el arte, entonces, sino también cualquier manifestación de la creatividad humana, desde la moda hasta la cocina o el fútbol."[5]

La definición popular de *cultura* incluye siempre las creencias, las formas sociales, los principios, los valores religiosos, los usos y costumbres y los rasgos materiales. Para los efectos de nuestro estudio, diremos que *cultura* está constituida por todos los elementos propios de la personalidad de un pueblo. La *cultura* es la expresión del alma de ese pueblo. Y, como dijimos antes, la cultura es el resultado de la influencia de los poderes y la lucha que libran entre sí.

Por supuesto, debemos entender que esta lucha espiritual no es algo estático. Al contrario, se encuentra en perpetuo movimiento. No tiene un ganador o dominador único. En una sociedad esa batalla se libra continuamente en millares de frentes a la vez: familias, iglesias, instituciones, individuos, matrimonios e incluso autoridades civiles. Todos participan ininterrumpidamente de esta dinámica, lo que eventualmente lleva a que en un momento determinado surja un ganador –prefiero llamarle *dominador*– y al cual la Biblia hace referencia como a un *"hombre fuerte"* o "a uno más fuerte que él" (ver Lucas 11:21).

De la lucha de poderes emerge un dominador que ejerce su influencia a través de lo que llamamos una *cultura dominante*. Implica que, por el momento, domina. Aunque debemos reconocer que en una matriz tan grande, con multiplicidad de relaciones que suceden simultáneamente *ad infinitum,* seguramente resultarán muchas subculturas. Algunas de estas se encuentran en decadencia o declive, y podrían estar muriendo o extinguiéndose, mientras que habrá otras, que van en ascenso, que ganan posiciones y van en camino a convertirse en la cultura dominante.

Permítame usar dos ejemplos para comprender mejor el concepto de cultura dominante y el de subcultura.

En una iglesia siempre hay una cultura dominante. Es la teología propia de la iglesia, formada por lo que el liderazgo y los miembros de esa iglesia creen. (Por supuesto *lo que creen* se refiere a la doctrina, la liturgia utilizada, las costumbres, la visión de la iglesia, entre otras cosas). Cuando la iglesia recibe miembros creyentes que vienen de otras congregaciones, estos traen su propia *cultura* (su propia visión) y esta se convierte en una subcultura dentro de la gran cultura (dominante) que impera en la iglesia.

Sin que el líder de la congregación se percate, se añaden nuevas ideas, nuevas doctrinas, y se mueven nuevas corrientes subterráneas dentro del río de la cultura dominante. Si la subcultura va de acuerdo a la visión de la iglesia, todo va bien. Si por el contrario se opone a la visión, generalmente se da una división (en realidad, *dos visiones*). Otra razón más para enfatizar la importancia de Habacuc 2:2-3.

El segundo ejemplo se refiere a un país que recibe inmigrantes. Cada país tiene una cultura nacional dominante, pero esta corre riesgo de verse afectada por las corrientes culturales de aquellos subgrupos que van llegando al país. En algunos casos se ha tratado de una experiencia positiva; mientras que en otros casos, los gobiernos se han visto en la necesidad de limitar la entrada de inmigrantes. En ciertas culturas especialmente cerradas, como las de ciertos países árabes, no se permite la entrada de turistas por la influencia cultural (negativa) que puedan llevar al país.

Los principios

Hemos dicho que la cultura es la suma de elementos como los valores, las actitudes, las creencias, las orientaciones y las suposiciones subyacentes.[6]

La Palabra de Dios posee una serie de leyes inmutables. Se trata de leyes dadas por Dios que son universales y eternas; son los principios bíblicos que pertenecen al reino espiritual y por medio de los cuales funciona el orden de Dios; trascienden el espacio y el tiempo, tienen validez en todo lugar, en toda época y no hacen acepción de personas.

Muchas veces he visto a personas que, sin tener una relación personal con Cristo, aplican diariamente las leyes de Dios y reciben sus beneficios. Por otra parte, con dolor, he visto multitud de creyentes que no operan según los principios del Reino de Dios y, por ende, no cosechan sus beneficios.

Los principios bíblicos son eternos y, aunque son invisibles, son más reales que lo que vemos o palpamos. Son leyes que Dios mismo dictó y, por consiguiente, su cumplimiento está asegurado.

Un ejemplo de ellos es la ley de la siembra y la cosecha (conocida también como el *principio bíblico de dar*) enunciada en Génesis 8:22: *"Mientras la tierra permanezca, no cesarán la sementera y la siega, el frío y el calor, el verano y el invierno, el día y la noche".*

Me llama la atención que cuando Pablo la menciona en el Nuevo Testamento, le impone una gran fuerza, al decir, *"No os engañéis; Dios no puede ser burlado: pues todo lo que el hombre sembrare, eso también segará"* (Gálatas 6:7). Nos da a entender que el mismo Dios será el respaldo de Sus leyes inmutables.

Y, por supuesto, el primer practicante de cada uno de estos principios es Dios mismo.

"Porque de tal manera amó Dios al mundo, que ha dado a su Hijo unigénito, para que todo aquel que en él cree, no se pierda, más tenga vida eterna" (Juan 3:16).

Entre los principios bíblicos –o leyes inmutables– encontramos la ley del amor, la del servicio, el dominio propio o autogobierno y muchos más que también han sido llamadas *"Las leyes del Reino"*.

Los valores

Los principios bíblicos se traducen en valores intelectuales. Los llamo intelectuales porque pertenecen al campo del alma. Se transmiten a través del intelecto, o bien pueden tratarse de valores de carácter emocional (por ejemplo, los que tienen que ver con la familia). Generalmente hablamos de los valores refiriéndolos al campo de la *moral.*[7]

Los valores se refieren a la cualidad que poseen algunas realidades; tienen polaridad en cuanto pueden ser positivos o negativos, y jerarquía en cuanto son superiores o inferiores. Los valores constituyen un elemento de juicio, puesto que otorgan una calificación. Por ello, suele usarse la frase "juicio de valor".[8]

La fuente más importante de los valores es la religión. A través de la historia, los valores han sido producidos o generados como una extensión de las "ideas religiosas" que nosotros creemos provienen de la influencia de los poderes.

Los valores, a su vez, se traducen en *virtudes prácticas*. Estas corresponden al campo natural (relativas al cuerpo). Las virtudes vienen a ser la evidencia física de los valores intelectuales. O dicho de otra forma:

Los principios bíblicos
generan valores, que se manifiestan
en la práctica a través de virtudes.

Los *principios* dan lugar a los *valores*; de manera que estos últimos son una extensión o una subdivisión de los *principios*. Así vamos a encontrar que un principio se desarrolla a través de un grupo de valores. Por ejemplo, dentro de la ley del amor, encontraríamos valores como el respeto, autoridad, confianza, sacrificio, el valor de la vida, la autoestima, entre otros.

Algunos ejemplos de valores culturales que han sacado a las naciones del subdesarrollo y que provienen de la Palabra de Dios, como lo afirmó Weber[9] son:

La confianza en el individuo

El imperativo moral

El concepto de riqueza

El valor del trabajo (la ética de trabajo)

El concepto de justicia

La utilidad

El valor de la educación

El tiempo

La racionalidad

La cosmovisión

El valor de la democracia

La visión del optimismo

Salvación del mundo vs. salvación en el mundo.

Las virtudes

Transmito acá unas ideas tomadas de *Pequeño tratado acerca de las grandes virtudes*, de André Comte-Sponville: "La palabra virtud proviene del latín *virtus*, que a su vez procede del griego *arete* que significa 'excelencias'. La virtud es una fuerza que puede tener un efecto. Una capacidad, un poder (siempre específico). La virtud, es una disposición para hacer lo bueno. Pero eso es decir muy poco. La virtud es el bien en sí misma, en espíritu y en la actualidad."[10]

En cierto sentido, las virtudes pertenecen al área de los hábitos, ya que se trata de actitudes adquiridas (o heredadas en el sentido de que provienen, en su mayoría, de nuestros padres) y que el hombre ha asimilado hasta hacerlas parte de su *cultura*, de su forma de ser y de su forma de vivir. A fuerza de repetición, se convierten en parte de nuestro ser y de nuestro actuar. Aprendemos las virtudes más por el ejemplo que por las palabras.

Sería inapropiado que enfatizáramos las virtudes sin mencionar los defectos (o anti-virtudes). Podemos asimilar virtudes si vivimos en un medio donde estas son practicadas. De la misma manera, podemos hacer nuestros los defectos que asimilamos de nuestro entorno.

Efesios 4:21, escrito por Pablo, contiene una descripción clara del camino que nos toca transitar. La vida en el mundo nos dejó la herencia de una mente reprobada y un entendimiento entenebrecido. Necesitamos despojarnos del viejo hombre y ser renovados en el espíritu de nuestra mente para salir de allí. Debemos vestirnos del nuevo hombre creado según Dios en la justicia y santidad de la verdad.

Dicho de otra manera, cuando salimos del mundo a través del nuevo nacimiento (ver Colosenses 1:13), salimos cargados de defectos o anti-virtudes propios de la cultura que abandonamos. Ahora se hace necesario proceder a una renovación, a una transformación.

*"Por medio de las cuales nos ha dado preciosas y grandísimas promesas, **para que por ellas llegaseis a ser participantes de la naturaleza divina, habiendo huido de la corrupción que hay en el mundo a causa de la concupiscencia;** vosotros también, poniendo toda diligencia por esto mismo, añadid a vuestra fe virtud; a la virtud, conocimiento; al conocimiento, dominio propio; al dominio propio, paciencia; a la paciencia, piedad; a la piedad, afecto fraternal; y al afecto fraternal, amor. Porque si estas cosas están en vosotros y abundan, no os dejarán estar ociosos ni sin fruto en cuanto al conocimiento de nuestro Señor Jesucristo. Pero el que no tiene estas cosas tiene la vista muy corta; es ciego, habiendo olvidado la purificación de sus antiguos pecados"* (2 Pedro 1:4-9).

El abandono de las anti-virtudes (por ejemplo, la impuntualidad) para adoptar las virtudes (en este caso, la puntualidad) necesita de un esfuerzo no pequeño. La modificación del comportamiento de una persona es el fruto de un proceso por demás complejo.

Lo que aprendimos se ha convertido en grabaciones neurofisiológicas (como las llama Batista), que han sido almacenadas en nuestro cerebro (cuerpo) y en nuestra mente (alma). Lo que llamamos memoria, es el fruto de la repetición.[11] Una vez que hemos memorizado algo, pasa a formar parte de nuestra vida diaria. Lo repetimos casi inconscientemente, pues se ha convertido en "nuestra manera de ser y de vivir". Si deseamos modificar nuestra manera de actuar, necesitamos de un proceso, que denominamos *cambio*. Batista dice que el cambio conlleva el sufrimiento producido por desaprender.

Esto es precisamente lo que Dios espera de nosotros: Las palabras de Jesús contienen el mandato, *"Arrepentíos, y creed en el evangelio"* (Marcos 1:15). Al escudriñar la Biblia, hallé que la palabra usada en esa porción de la Escritura para decir "arrepentíos" es *metanoeo*. El diccionario Vine define *arrepentirse* como "cambiar de mentalidad, de propósito".[12] El arrepentimiento conlleva la idea de un cambio de dirección. Si iba rumbo al sur y me arrepiento, cambio de dirección y ahora voy rumbo al norte.

En otras palabras, Dios nos desafía a cambiar de manera de pensar (mentalidad), lo que sin duda cambiará nuestra manera de ver las cosas (cosmovisión) y, eventualmente, afectará nuestra manera de vivir.

Si cambiamos nuestra manera de pensar, cambiaremos nuestra manera de vivir.

¿Qué espera Dios que creamos cuando hayamos abandonado la antigua manera de pensar? *"Arrepentíos y creed en el evangelio"*.

Permítame repetir el pasaje de Pedro al que hice referencia antes, pero colocaré el énfasis en la segunda parte:

"Por medio de las cuales nos ha dado preciosas y grandísimas promesas, para que por ellas llegaseis a ser participantes de la naturaleza divina, habiendo huido de la corrupción que hay en el mundo a causa de la concupiscencia; vosotros también, poniendo toda diligencia por esto mismo, añadid a vuestra fe virtud; a la virtud, conocimiento; al conocimiento, dominio propio; al dominio propio, paciencia; a la paciencia, piedad; a la piedad, afecto fraternal; y al afecto fraternal, amor. Por que si estas cosas están en vosotros y abundan, no os dejarán estar ociosos ni sin fruto en cuanto al conocimiento de nuestro Señor Jesucristo. Pero el que no tiene estas cosas tiene la vista muy corta; es ciego, habiendo olvidado la purificación de sus antiguos pecados" (2 Pedro 1:4-9).

Algunos ejemplos de virtudes son:

La lealtad	La compasión
La honestidad	El honor
La cortesía	La amabilidad
La responsabilidad	La fidelidad
La frugalidad	La prudencia
La colaboración	La templanza
El cuidado	La gratitud

La paciencia	La humildad
Ser pacificador (es)	La pureza
La honradez	El buen humor
La disciplina	La buena fe
La tolerancia	El optimismo
La empatía	La simplicidad
La generosidad	La sinceridad
La tenacidad	La caridad

Es importante notar que el *"fruto del espíritu"* de Gálatas 5, consiste básicamente de virtudes: **amor, gozo, paz, paciencia, benignidad, bondad, mansedumbre, templanza y fe.**

El impacto de la cultura en la sociedad

Si, como ya hemos afirmado, nuestra Latino América está viviendo un tiempo de avivamiento y esto ha traído una gran cantidad de personas a Cristo, estas personas necesitan cambiar los "defectos" del hombre viejo y adoptar las "virtudes" del nuevo hombre según Cristo. Esto es lo que llamaríamos la auténtica transformación del individuo. Una vez que esas virtudes operen un cambio favorable en grupos de personas, comenzaríamos a ver la transformación de la sociedad.

La declaración que he usado, "La cultura determina el estado de la sociedad" descansa sobre la idea de que el progreso o el desarrollo brota de adentro del hombre. La pobreza o riqueza de una nación –y, por consiguiente, de sus habitantes– no dependen de circunstancias tales como los recursos naturales (Japón no los tiene), ni del tamaño del territorio (el tamaño de Singapur es uno de los mejores ejemplos). Depende de los factores espirituales y culturales. Son los valores culturales, resultado de los poderes, los que van a definir la vida de un pueblo.

Los poderes generan una manera de pensar, que llamamos *cultura*; esta manera de pensar se expresa a través de *valores culturales*, que definen la interacción de los individuos. El valor muestra su importancia cuando aparece en una transacción entre dos personas.

Por ejemplo, en la Europa católica del siglo XVIII, la utilidad o lucro resultante de una transacción, era llamada *pecado*. Un simple intercambio comercial, marcado por la utilidad, dejaba a las dos personas involucradas en el negocio en bandos opuestos. Uno, el que ganaba (y generaba riqueza a través de su trabajo) era llamado pecador: era injusto. El otro, el que perdía en la transacción, era un hombre justo, que no pecaba lucrando a costa del prójimo. Como decíamos antes, el valor aparece como un calificativo. Es fácil comprender el resultado que esta manera de pensar produjo.

La cultura (los paradigmas teológicos) tienen el poder de reducir al hombre a la pobreza.

Los valores son un factor determinante debido a que aportan el "calificativo moral" a las acciones y a los individuos dentro de una sociedad. Los valores determinan si un acto es bueno o malo, de acuerdo a la cosmovisión y cultura imperante. De tal forma que el comportamiento de los miembros de esa sociedad se encuentra todo el tiempo sujeto a ser calificado de moral o inmoral.

Lógicamente, nadie quiere que su comportamiento sea *inmoral* o *malo*, aparte del castigo colectivo de ser *diferente* al grupo al que pertenece. Así que resulta muy sencillo deducir que, en la medida de lo posible, todos tratarán de adaptarse a la cultura del medio donde habitan. Ninguno de nosotros disfruta de ser la "nota discordante". Así va la cultura moldeando el futuro de la sociedad.

La cultura es lo que importa

Por años hemos tratado de encontrar la respuesta a la *paradoja latinoamericana*. Así llamo al hecho que nos confunde al comprobar que en este continente tenemos unos de los países más ricos de la tierra como Brasil, México y la Argentina. Tenemos toda clase de recursos naturales: oro, plata, petróleo, piedras preciosas, ríos, lagos y mares. Vivimos en una región tan rica y productiva, que prácticamente no existe un cultivo que no pueda producirse acá. Y, sin embargo, no somos capaces de alimentar a nuestra propia gente, que vive bajo condiciones de pobreza casi increíbles. La esperanza de futuro es casi nula.

Como si nuestra pobreza no fuera suficiente, hemos vivido sumidos en conflictos armados durante décadas. Compartimos la triste historia de rebeliones, revoluciones, golpes de estado y, dicho en una palabra: ingobernabilidad.

Hace algún tiempo que llegué a la convicción de que la razón de la pobreza latinoamericana se hallaba en la idolatría. Y hasta el día de hoy, nada me ha hecho cambiar esa convicción, sino más bien, se ha afianzado más.

Los poderes se nutren de la idolatría; esta es su fuente de poder. La idolatría es un pecado abominable a los ojos de Dios, debido a que no solo evidencia la lealtad otorgada a otros dioses (llamado *adulterio espiritual*), sino que tiene la peculiaridad de hacer al idólatra semejante al objeto de su culto, (ya citamos una vez el Salmo 115).

La idolatría, como el lector bien sabe, tiene muchas manifestaciones, desde un mundo animista poblado de espíritus, shamanes, conjuros y ritos paganos, hasta niveles más sofisticados de idolatría que no niegan, sino añaden a la Palabra de Dios elementos que tienen apariencia de piedad, pero que contradicen los mandatos bíblicos.[13]

El fruto natural de la idolatría es la confusión. Las tinieblas entorpecen la mente (ver Job 37:19) y el resultado es una cultura oscurantista, llena de temores, supersticiones, mentiras y verdades a medias. Es una cultura enferma, que produce enfermedades o males sociales, totalmente contrarios al plan de Dios.

Así como la lectura de la Biblia abrió los ojos de los alemanes y a otros europeos (a raíz de la imprenta de Gutemberg y la traducción hecha por Martín Lutero), así la prohibición de leer la Biblia ha mantenido a los países latinoamericanos en las tinieblas y la ignorancia.

Donde no se lee y estudia la Biblia, cualquier engaño queda inmune a la confrontación.

Regresando al tema de la cultura y el caso latinoamericano, quisiera citar de nuevo al Dr. Harrison, cuando dice: "En la actualidad, América Latina ha aceptado en su mayor parte las lecciones de política económica del este de Asia y ahora se plantea la siguiente pregunta: Si la dependencia y el imperialismo *no* son responsables de nuestro subdesarrollo económico, nuestras tradiciones políticas autoritarias y nuestra extrema injusticia social, ¿quiénes lo son? Esta pregunta fue planteada por el autor venezolano Carlos Rangel en un libro publicado a mediados de los setenta en francés y en español, con el título de *Del noble salvaje al noble revolucionario.* Rangel no fue el primer latinoamericano en llegar a la conclusión de que los valores y actitudes tradicionales latinoamericanas y las instituciones que las reflejaban y aplicaban, eran la principal causa del 'fracaso' de América Latina [...] En 1979, el Premio Nóbel Octavio Paz explicaba el contraste de las dos Américas de la siguiente manera: **"Una, angloparlante, es hija de la tradición que ha fundado el mundo moderno: La Reforma,** con sus consecuencias políticas y sociales, la democracia y el capitalismo. **La otra, que habla en español y en portugués, es hija de la monarquía católica universal y de la Contrarreforma"**.

Pueden encontrarse fuertes ecos de Rangel en el libro de 1994 de Claudio Véliz, *The New World of the Gothic Fox* (El nuevo mundo del zorro gótico), que contrasta los legados anglo protestante e ibero católico en el Nuevo Mundo. Véliz define el nuevo paradigma con las palabras del celebrado escritor peruano Mario Vargas Llosa, quien afirma que las reformas económicas educativas y judiciales necesarias para la modernización de América Latina no pueden llevarse a cabo a menos que estén **precedidas o acompañadas por una reforma de nuestras costumbres e ideas, de todo el complejo sistema de hábitos, conocimiento, imágenes y formas que entendemos por 'cultura'.**[14]

Muchos de nosotros nos hemos preguntado más de una vez, ¿por qué existe una diferencia tan grande entre América del Norte y América del Sur? ¿Cómo puedo definir claramente el factor determinante de esa diferencia?

Tomo la respuesta de la frase de Véliz: América del Norte tiene una cultura *anglo-protestante,* mientras que América Latina tiene una cultura *ibero-católica.*

Para comprender la diferencia en el origen de ambas culturas, haremos bien en recordar que "En la década de 1520, cuando Lutero estaba transformando Alemania, Erasmo moldeaba la mente de la Península Española y la de las misiones españolas en el nuevo mundo.

Uno de sus más populares libros en España era el *Enchiridion*. En el remoto México de entonces, las obras de Erasmo se tradujeron al idioma azteca para la instrucción religiosa de los nativos"[15]

Los valores que definen a la cultura anglo-protestante son totalmente opuestos a los de la cultura ibero-católica, y el resultado es obvio. Siguiendo el pensamiento de Weber y teniendo la historia y la situación actual como evidencia, puedo afirmar que los efectos del protestantismo crearon una serie de valores y virtudes que llevó a los norteamericanos protestantes a recoger los frutos del capitalismo, la libertad, la justicia y un sinnúmero de bendiciones, que provienen de las enseñanzas de la Biblia.

Por el otro lado, en Centro y Sur América hemos tenido que cosechar el fruto de lo sembrado, una serie de valores ibero-católicos que provienen más bien de la tradición, que de la Palabra de Dios.

El respetado teólogo Dr. Loraine Boettner ya había notado desde 1960 el inmenso contraste entre el norte y el sur (de América) y lo atribuyó precisamente al *sistema dominante*, la iglesia Católica Romana.[16]

El pensamiento de Boettner nos hizo notar que países de diferentes latitudes, como Italia, España, Portugal, Irlanda, Filipinas y el área de América Latina, no tenían el mismo idioma, ni pertenecían a la misma raza. Su similitud consistía en una cultura católica. Yo añado que son producto de los poderes imperantes sobre esos territorios.

1. Todos estos países tienen los mismos problemas sociales, aunque estos se llamen de diferente manera. Una historia consistente de golpes de estado, revoluciones y rebelión. Aunque en Italia no se lo llama de esa forma, este país ha tenido más de cincuenta gobiernos desde la Segunda Guerra Mundial.

2. Ignorancia, superstición y bajos estándares de moralidad, cargados de dualismo.

3. Pobreza y subdesarrollo. Aunque a Portugal y España no pueda llamárselas naciones subdesarrolladas, es claro que son las más pobres y atrasadas de Europa.

4. Corrupción (ya legendaria arraigada en las Filipinas o en América Latina).

5. Asesinatos, violencia y muerte. Lo que en América Latina se llama guerrilla, en Italia se llama mafia y en Irlanda, terrorismo.

¿Hay esperanza?

Tal parece que todavía tiene efecto sobre nosotros aquella expresión de Simón Bolívar, que escribió en 1830: "La única cosa que se puede hacer en América [Latina] es emigrar". Día a día miles de latinoamericanos dejan su tierra emigrando a otras naciones, anhelando encontrar mejores condiciones de vida.

Uno podría preguntarse si somos un continente olvidado. Pero yo puedo asegurarle que Dios no nos ha olvidado. En Brasil, la Argentina, Colombia, El Salvador, Perú, Honduras y Guatemala entre otros, estamos siendo visitados por Dios. Este es un hecho tan evidente que ha trascendido los círculos eclesiásticos y ha llamado la atención de académicos de diversas nacionalidades. Uno de estos, el sociólogo estadounidense David Stoll, escribió en 1990 un libro con el sugestivo título *¿Está América Latina volviéndose protestante?*[17]

En él, Stoll incluye la gráfica: "Los factores estimados de crecimiento evangélico en América Latina de 1960 a 1985, con una proyección al año 2010".

País	Porcentaje de evangélicos en la población total		Factor de crecimiento del 1960 al 1985 (en número de veces)	Porcentaje de evangélicos en la población, proyectado al 2010 (en porcentajes)
	1960	1985		
Argentina	1.63	4.69	2.9	13.6
Brasil	4.4	15.95	3.6	57.4
Colombia	0.39	2.43	6.2	15.1
El Salvador	2.45	12.78	5.2	66.5
Guatemala	2.81	18.92	6.7	126.8

(Si bien Stoll incluyó dieciocho países en su lista, yo tomé como ejemplo solamente cinco, escogidos al azar.)

Como usted ve, los números son impresionantes. En realidad, el desafío ya no es el evangelismo. Ahora el desafío consiste en la consolidación de los evangelizados y su posterior discipulado. Por discipulado me refiero al proceso de renovación del entendimiento. **Adquirir una manera bíblica de pensar, una cosmovisión cristiana.**

Vuelvo a la pregunta que planteé al inicio del libro; si los números demuestran que el evangelio en América Latina es una fuerza cultural en ascendencia, ¿por qué no se siente todavía el impacto social? **Porque la presente es una generación transicional.** He preguntado de país en país y la respuesta siempre es similar. La gran mayoría de creyentes que hoy llenan las iglesias han nacido de nuevo en las últimas tres décadas.

No nacieron dentro de una familia cristiana. No estudiaron en un colegio cristiano. No leyeron una Biblia ni fueron enseñados en ella de niños. Más bien fueron educados en un sistema ibero-católico. Asimilaron unos valores culturales y una educación que no tenía la Biblia como base, sino más bien la tradición ibero-católica. Llegaron a la iglesia a través del nuevo nacimiento, y ahora se encuentran con un pie en la religión y otro pie en el Reino de Dios.

Yo me identifico plenamente con esta transición. Veo a mis padres, y entiendo su cultura, puesto que ellos son, a su vez, el reflejo de sus padres. Veo a mis hijos y veo que ellos ya no tienen el lastre que nosotros enfrentamos. Ellos nacieron dentro de un hogar cristiano. Han conocido la Biblia desde que aprendieron sus primeras letras. No recibieron el bagaje propio de la religión. Y han tenido la ventaja de estudiar en instituciones que promueven una cosmovisión cristiana, centrada en la Biblia y en el señorío de Cristo.

El papel de nuestra generación es realizar la transición cultural, a beneficio de nuestros hijos y las posteriores generaciones de latinoamericanos. Lo que viene para la iglesia latinoamericana, es un proceso de reforma y restauración.

Los poderes están siendo desplazados. Hay un movimiento, un cambio similar a de las placas tectónicas, en el cual unos poderes son desplazados por otros. El poder de la oración, la guerra espiritual y la acción continuada de lealtad al reino de Dios está modificando el panorama espiritual *sobre* (y *en*) nuestros países.

Como en el ejemplo de Carlos, el alcohólico, una vez que nació de nuevo, los poderes fueron desplazados y Carlos tuvo la oportunidad de ser libre de los poderes que lo mantenían esclavizado al vicio. La atadura que lo mantenía sujeto al alcohol fue destruida en el reino espiritual. Carlos pudo entonces verse a sí mismo de una manera diferente.

Permítame usar este ejemplo mientras le ruego tomar nota de que lo que hago lo hago con todo respeto. Cuando Carlos era miembro de los Alcohólicos Anónimos (en su lucha para dejar de beber), cada día se repetía a sí mismo: "Soy un alcohólico. Solamente pido un día más sin beber". Día a día repetía lo mismo. "Soy un alcohólico, solamente pido un día más sin beber".

Cuando Carlos nació de nuevo y los poderes fueron desplazados sobre su vida, Carlos experimenta un cambio de mentalidad (fruto del arrepentimiento) y ahora dice: "No soy un alcohólico. Es cierto, era uno, pero ese hombre viejo murió. ¡Yo soy una nueva criatura, las cosas viejas pasaron, he aquí todas han sido hechas nuevas!"

El antiguo Carlos tenía una mentalidad de alcohólico. Estaba preso de los poderes y preso de una cultura de alcoholismo. El nuevo Carlos es una nueva criatura, que pasó a través del arrepentimiento —es decir, un cambio de mentalidad— y cambió su manera de pensar. Ya no cree lo que creía antes, ahora ¡cree el Evangelio de Jesucristo! El conocimiento de la verdad lo ha hecho libre.[18]

Lo que le toca a la iglesia cristiana latinoamericana es la realización de que el poder está en la verdad. Necesitamos apartarnos de los legalismos y las contiendas de palabras, y abrazar la plenitud del consejo de Dios para cambiar nuestra cultura.

Así como no podríamos aceptar el concepto de un cristiano alcohólico, no podemos tampoco aceptar el concepto de cristianos que tienen todavía una mentalidad y una cultura ibero-católica. **Un evangélico con una mente (cultura) católica es un total contrasentido.**

Necesitamos despojarnos del hombre viejo y renovarnos en el espíritu de nuestra mente. Adquirir una cosmovisión cristiana, una cultura basada en la Palabra de Dios, constituida sobre el fundamento de los principios bíblicos inmutables y dominada por valores culturales cristianos, que produzcan la excelencia que es la marca de una vida llena de virtud.

Nuevamente recurro a un comentario sobre el trabajo de Weber. En este caso, escrito por David Landes: "Max Weber, que comenzó como historiador del mundo antiguo pero se desarrolló como un fenómeno de ciencias sociales diversificadas, publicó, entre 1904 y 1905, uno de los ensayos más influyentes y provocativos jamás escritos, *La ética protestante y el espíritu del capitalismo*. **Su tesis, que el protestantismo –más específicamente, sus ramas calvinistas –promovió el surgimiento del capitalismo moderno**; es decir, el capitalismo industrial que él conoció en su Alemania natal. El protestantismo lo hizo, decía, no alivianando o aboliendo esos aspectos de la fe romana que habían detenido o impedido la libre actividad económica (la prohibición de la usura, por ejemplo), ni alentando, mucho menos inventando, la búsqueda de la riqueza, sino definiendo y sancionando una ética de conducta cotidiana que conducía al éxito económico. La razón inicial era que el protestantismo calvinista –decía Weber– afirmaba la doctrina de la predestinación: uno no podía alcanzar la salvación por la fe o por las obras; esa cuestión ya había sido decidida para todos desde el comienzo de los tiempos, y nada podía alterar el destino de cada uno.

Esa creencia podría haber alentado fácilmente una actitud fatalista. Si la conducta y la fe no cambian nada, ¿por qué no dejarlas a un lado? ¿Para qué ser bueno? Porque, según el calvinismo, la bondad era un señal creíble de haber sido escogido. **Cualquiera podría ser elegido, pero era razonable suponer que la mayoría de los elegidos demostrarían mediante su personalidad y actitud la calidad de sus almas y la naturaleza de su destino. Esa certeza implícita era un poderoso incentivo para una conducta y unos pensamientos apropiados.** Y si bien la creencia firme en la predestinación no duró más que una o dos generaciones (no es la clase de dogma que tenga un atractivo duradero), finalmente se convirtió en un código secular de conducta: trabajo duro, honestidad, seriedad, uso ahorrativo del dinero y del tiempo.

Todos estos valores ayudaron a los negocios y a la acumulación de capital, pero Weber puso énfasis en que un buen calvinista no tenía como objetivo la obtención de riqueza. Aunque bien podría haber creído que la riqueza honesta era una señal del favor divino. Europa no tuvo que esperar la Reforma protestante para encontrar personas que quisieran ser ricas. El argumento de Weber es que el protestantismo produjo una nueva clase de empresario cuyo objetivo era vivir y trabajar de cierta manera. **Era la manera lo que importaba, y las riquezas eran, en el mejor de los casos, un producto colateral.** Pasó mucho tiempo hasta que la ética protestante se degradó en un grupo de máximas para el éxito material y sermones presumidos y sabihondos sobre las virtudes de la abundancia.

La tesis de Weber dio lugar a todo tipo de refutaciones. La misma clase de polémica se generó alrededor de la tesis derivada del sociólogo Robert K. Merton, quien sostenía que existía una relación directa entre el protestantismo y el surgimiento de la ciencia moderna. De hecho, es justo decir que la mayoría de los historiadores de la actualidad considerarían improbable e inaceptable la tesis de Weber: tuvo su momento y se desvaneció.

Yo no estoy de acuerdo. No en el nivel empírico, donde los registros muestran que los comerciantes y fabricantes protestantes tuvieron un papel principal en el comercio, la banca y la industria. Ni en el teórico. **En realidad, el núcleo de la cuestión está en la formación de un hombre nuevo: racional, ordenado, diligente, productivo. Esas virtudes, si bien no eran nuevas, tampoco eran comunes. El protestantismo las generalizó entre sus adherentes, quienes se juzgaban entre sí de acuerdo a la conformidad con esos patrones.** Dos características especiales de los protestantes se reflejan en esta relación, y la confirman. **La primera fue el acento en la instrucción y el alfabetismo, tanto**

para mujeres como para hombres. Eso fue un derivado de la lectura de la Biblia. Se suponía que los buenos protestantes leían las Sagradas Escrituras por sí mismos. (En contraste, los católicos recibían el catecismo pero no tenían que leer, y explícitamente se desalentaba la lectura personal de la Biblia.) El resultado fue un nivel de alfabetismo que aumentaba de generación en generación. Las madres que saben leer importan.

La segunda fue la importancia asignada al tiempo. Aquí nos encontramos con lo que los sociólogos llaman "evidencia discreta": la fabricación y compra de relojes. Incluso en zonas católicas como Francia y Baviera, la mayoría de los relojeros eran protestantes; y el uso de esos instrumentos de medición del tiempo y su difusión a las áreas rurales estaba mucho más avanzado en Gran Bretaña y los países bajos que en los países católicos. La sensibilidad al tiempo es el testimonio más importante de la "urbanización" de la sociedad rural, con todo lo que eso implica respecto de la difusión de valores y gustos."[19]

Y concluyo con otro pensamiento de David Landes: "La historia nos enseña que los medios más exitosos contra la pobreza vienen de adentro. La asistencia externa puede ayudar pero, como la abundancia inesperada, también puede perjudicar. Puede desalentar el esfuerzo e instalar un sentido de incapacidad desestabilizador. Como expresa un dicho africano, "la mano que recibe siempre está debajo de la mano que da". No, lo que cuenta es el trabajo, el ahorro, la honestidad, la paciencia, la tenacidad. Para la gente acosada por la miseria y el hambre, eso puede sonar a indiferencia y egoísmo. **Pero en el fondo, el fortalecimiento más eficaz es el autofortalecimiento".**

| NOTAS |

[1] *The Silent Language*, Edward T. Hall; Anchor Books 1973, 1990; p. 20.

[2] *La cultura es lo que importa*, Samuel P. Huntington y Lawrence E. Harrison, Editores; Editorial Planeta; capítulo 12: Mapas Morales, Vanidades del "Primer Mundo" y los nuevos Evangelistas; escrito por Richard A. Shweder; p. 225.

[3] *Anthropology for Christian Witness*, Charles H. Kraft; Orbis Books, 1996; p. 11.

[4] Idem, p. 38.

[5] *A Small Treatise on the Great Virtues*. André Comte-Sponville; Metropolitan Books, 1996; pp. 2-3.

[6] Cuando hablamos de suposiciones subyacentes, nos referimos a las asunciones que hemos aceptado y que yacen en lo más profundo de nuestra cultura. La palabra *asunción* es de poco uso entre nosotros, por lo que me permito enfatizar que significa "aquellas cosas que asumimos", así como "suposición implica las cosas que suponemos". Me imagino que se lograría el mismo impacto con la palabra presuposiciones. Las suposiciones previamente asumidas como ciertas y que yacen en el fondo de la cultura; significa que no son vistas ni revisadas frecuentemente, sino que están allí enterradas desde hace tanto que ya ni siquiera recordamos que existen. Ni hablar de cuestionarlas. (*La cultura es lo que importa*, Samuel P. Huntington y Lawrence E. Harrison, Editores; Editorial Planeta; p. 55).

[7] *La cultura es lo que importa*, Samuel P. Huntington y Lawrence E. Harrison, Editores; Editorial Planeta, capítulo 4: Una Tipología Cultural del Desarrollo; escrito por Mariano Grondona; p. 92.
"A los valores que pertenecen al ámbito cultural los llamamos 'ética'. Al comportamiento de alguien que actúa movido por el respeto a un valor intrínseco que ha sido aceptado voluntariamente y luego incorporado como imperativo interno, lo llamamos 'moral'. Una persona es moral cuando responde a valores intrínsecos."

[8] *Las condiciones culturales del desarrollo*, Mariano Grondona; Editorial Ariel-Planeta 1999; pp. 203-204.
"Diríamos entonces que el valor se nos presenta, por lo pronto, como un *adjetivo calificativo*. El valor califica o descalifica a un sujeto porque es el portador de un juicio favorable o desfavorable acerca de él. A través del valor como adjetivo, el observador *juzga* al sujeto; le confiere o le niega una *cualidad*. El valor se presenta, por ello, como una cualidad positiva que asignamos a los más diversos sujetos: a una cosa, un animal, una acción, una institución, una obra, una persona. Si decimos que un caballo es espléndido, que un gesto es noble, que un sistema judicial es independiente, que un libro es fascinante o que una persona es recta, a todos esos sujetos les estamos reconociendo una cualidad positiva, les estamos imputando un valor.
En la acera opuesta, el 'disvalor' se presenta como una cualidad negativa que asignamos al sujeto. Un caballo puede ser feo; un gesto, mezquino; un sistema judicial, dependiente; un libro, incoherente; una persona, desleal. A todos estos sujetos los estamos descalificando con la carga de un "disvalor"".

[9] Esta es una lista parcial obtenida de libro *La cultura es lo que importa*, Samuel P. Huntington y Lawrence E. Harrison, Editores; Editorial Planeta, capítulo 4: Una tipología cultural del desarrollo, escrito por Mariano Grondona; pp. 93-99.

[10] *Las condiciones culturales del desarrollo*, Mariano Grondona; Editorial Ariel-Planeta 1999; pp. 191-192.

[11] Hace unos años comencé a recibir clases de golf. Recuerdo el impacto que produjo en mí el que el instructor me hiciera repetir vez tras vez el *swing* para ganar, lo que él llamó, la *memoria muscular.* Según me dijo, mis músculos "aprenderían" cómo llevar a cabo el movimiento adecuado. Por eso lo llamaba memoria "muscular".

[12] *Vine's Expository Dictionary of New Testament Words*, W. W. Vine, Riverside Book and Bible House; pp. 961-962.

[13] Como se sabe, una de las más poderosas armas del diablo es la ignorancia en la cual nos encontramos, acerca de sus maquinaciones. Donde no se lee ni estudia la Biblia, cualquier engaño queda inmune a la confrontación.

[14] *La cultura es lo que importa*, Samuel P. Huntington y Lawrence E. Harrison, Editores; Editorial Planeta; p. 388.

[15] The Reformation in the Sixteenth Century. Bainton, Roland H. Beacon Press. Boston, 1952.

[16] Roman Catholicism. Boettner, Loraine. The Presbyterian And Reformed Publishing Company. 1962. pp. 13-14.

[17] *Is Latin America Turning Protestant?* David Stoll; Univesity of California Press, Berkeley, 1990.

[18] Recuerde usted que la verdad no es un concepto, es una Persona y su nombre es Jesucristo (Juan 14:6).

[19] *La cultura es lo que importa*, Samuel P. Huntington y Lawrence E. Harrison, Editores; Editorial Planeta, capítulo 1: La cultura cambia casi todo, escrito por David Landes, pp. 53-55.

El avivamiento

"Avivamiento es una convicción
renovada de pecado y arrepentimiento,
seguida por un intenso deseo de vivir
en obediencia a Dios. Es la rendición
de la voluntad propia a Dios, en
profunda humildad." –CHARLES FINNEY[1]

El concepto básico generalizado de avivamiento consiste en una visitación de Dios, que provoca la salvación de multitud de personas y la revitalización espiritual de los creyentes.

Existen tantos textos que tratan el tema del avivamiento,[2] que considero que este no es el lugar apropiado para tratar de sumergirnos en la definición, ni en la historia ni en la teología de los avivamientos. Más bien, nos circunscribiremos a sus efectos. En especial a lo que tiene que ver con el efecto transformador que los avivamientos pueden tener en la sociedad y en la cultura.

Es común que la religión juegue un rol especial en la construcción de un nuevo orden en la sociedad. Como apuntamos antes, la religión es fuente de los valores y virtudes que tienen tanto efecto en la cultura. Los movimientos religiosos son eventos precursores de los cambios que se efectúan en la sociedad. Dado que todas las cosas proceden del reino espiritual, es natural que la Iglesia sea el canal normal por el cual Dios obra a fin de que el futuro sea moldeado.

Algunas veces (aunque no siempre), los avivamientos han trascendido la esfera de la *Iglesia* y han logrado permear otras instituciones de la comunidad, y aumentado su impacto social.

Mi intención es demostrar que un avivamiento puede generar un impacto social tal, que mejore la calidad de vida del lugar donde se da. Y, por supuesto, mi meta es llegar a demostrar que la visitación actual de Dios en América Latina –el momento profético que vivimos– demanda de nosotros un entendimiento y una acción urgente, acorde con el plan de Dios (y la historia), a fin de administrar este avivamiento y no perder la oportunidad que Él nos da para lograr el cambio tan deseado en nuestros países. Cuando menciono la palabra cambio, no lo hago en una acepción espiritual o religiosa, sino una en extremo práctica. Me refiero a un cambio que traiga consigo una mejoría a la situación de subdesarrollo económico, social, político y cultural que el continente entero experimenta.

Debo confesar que tengo la misma afición que millares de pastores alrededor del mundo. Soy un aficionado de los avivamientos. Me parece que experimentar un avivamiento es el sueño de todos los ministros del evangelio. Como muchos otros, he seguido con atención el mover de Dios de los últimos tiempos. En años recientes hemos escuchado acerca del avivamiento de la Argentina, de la "bendición de Toronto", del "avivamiento de Pensacola", de lo que en Guatemala se ha dado en llamar el "avivamiento silencioso" (el crecimiento consistente del porcentaje de creyentes en el país). He tenido la oportunidad de vivir algunos de ellos de cerca, y he tenido la ocasión de aprender de las diferentes "obras" de Dios.

Por otro lado, durante varios años he sido un estudioso de la historia de los avivamientos y hasta he visitado algunos de los lugares que tuvieron esa bendición de Dios. Fue en una de estas ocasiones en la que aprendí un principio que me seguiría a través del tiempo.

Hace algunos años prediqué en Inglaterra, en la preciosa ciudad de Nottingham, y manifesté a mis anfitriones el deseo que tenía de visitar una ciudad llamada Swansea en el país de Gales. Para mí este era un sueño preciado, puesto que allí se encuentra un instituto bíblico, que fue fundado por Rees Howells, un ministro muy especial, cuya vida dio lugar a la biografía que ha inspirado a tantos creyentes alrededor del mundo, *Rees Howells, Intercesor*[3]. Este libro había hecho un gran impacto en mi vida. Por supuesto, yo sabía que el Rev. Howells había partido con el Señor hacía muchos años; pero mis anfitriones en Nottigham hablaron con su hijo, el Rev. Samuel Howells, quien amorosamente se prestó a recibirme. Sobra decirle que pasé allí dos días inolvidables en compañía del hermano Howells y el equipo de intercesores y maestros que han permanecido por décadas en el instituto bíblico entrenando y bendiciendo a millares de jóvenes de muchas nacionalidades.

Recuerdo la anécdota que me contaran cuando recorríamos el jardín y llegamos al lugar donde se guarda la leña para las chimeneas. "Allí", me explicaron "recibió Reinhard Bonnke el bautismo del Espíritu Santo, mientras era un estudiante." Guardo muy gratos recuerdo de mi visita a Gales.

Pero yo tenía un segundo propósito para visitar la región. Uno de los avivamientos que más había inspirado mi vida era precisamente el "Avivamiento de Gales", acaecido en 1904-1905. Deseaba conocer ese lugar donde Dios hizo tantos milagros usando al joven Evan Roberts.

Viajamos de Nottingham a Gales, y mientras nos acercábamos mi expectación iba aumentando. ¡Qué gozo tuve al descender del tren! El asistente del Rev. Howells nos dio la bienvenida y de inmediato subimos a su automóvil para conducirnos al instituto. A mitad del camino vi el edificio de una iglesia antigua, de esas edificaciones tan bellas que solo se encuentran en Europa. Mi sorpresa fue inmensa cuando noté el rótulo que decía: "Se vende". Pasamos frente a otra con un rótulo similar que decía, "Se alquila". Vimos otras "iglesias" convertidas en restaurante, cine y hasta en una mezquita musulmana. ¡Yo no salía de mi asombro! Seguramente estaba visiblemente afectado, pues nuestro conductor me dirigió una mirada inquisitiva, como queriendo averiguar lo que yo estaba pensando.

–¿Sabe usted cuál es el porcentaje actual de creyentes en Gales? –le pregunté.

–Es de menos del uno por ciento– me respondió.

El dato me cayó como un balde de agua fría.

¿Cómo puede ser que la visitación de Dios que había producido casi cien mil salvaciones en seis meses y una renovación extraordinaria para los creyentes, ahora se hubiera reducido casi a la inexistencia? Como respuesta, me vino a la mente el dicho que dice: "Dios no tiene nietos". Esa fue la semilla de mi posterior razonamiento.

He encontrado que puedo dividir los avivamientos en dos categorías: la primera, esos movimientos extraordinarios de Dios, de los cuales solo podemos leer en los libros de historia. Sus consecuencias las encontramos solamente en las bibliotecas. Se trata de avivamientos que no trascendieron su propio momento histórico.

La segunda categoría se refiere a los avivamientos cuyos efectos nos acompañan aún hoy –décadas o siglos después de que sucedieron– son avivamientos que trascendieron los límites de su propia existencia y continúan trayendo bendición al Cuerpo de Cristo y al mundo.

¿Cuál es la diferencia? Pienso que la diferencia reside sobre dos factores. Uno es lo que yo llamo el "**concepto generacional**", consistente en la revelación acerca del Dios multigeneracional.

En la Palabra de Dios, Dios repetidamente se llama a sí mismo el Dios de Abraham, Isaac y Jacob (Éxodo 3:6).

En Éxodo 34:7 Dios se describe a sí mismo como el Dios *"que visita la iniquidad de los padres sobre los hijos, y sobre los hijos de los hijos hasta la tercera y cuarta generación".*

Si pensamos en términos naturales, tenderemos a creer que la vida de una persona se compone de los años que vive sobre la Tierra. Pero, si por el contrario, usamos el entendimiento espiritual, aceptaremos que Dios no piensa en esos términos. Para Dios, Leví ya había dado diezmos, cuando aún estaba en los lomos de Abraham (ver Hebreos 7:9-10).

Cuando Dios me ve, no solo me ve a mí: ve a mi abuelo, a mi padre, a mí, a mis hijos y a los hijos de mis hijos. Ciertamente Dios es un Dios multigeneracional. Necesitamos comenzar a pensar en esos términos. Cuando somos cortos de vista (o debería decir, cortos de alcance), pensamos solo en nosotros. Pero cuando alineamos nuestros pensamientos al plan de Dios, entenderemos que no vivimos para nosotros mismos, sino que tenemos una responsabilidad para con las próximas generaciones (ver Proverbios 13:22).

Es responsabilidad del Cuerpo de Cristo administrar el avivamiento de forma que sus beneficios no terminen en una generación, sino que alcancen a sus hijos y aún a los hijos de sus hijos. En cierto modo, muchos de nuestros problemas actuales se deben a que nadie tuvo ese entendimiento, y probablemente se dieron por vencidos al pensar que no podían cambiar la situación en "su tiempo".

Cualquiera de nosotros sabe que en toda empresa, el tiempo es uno de los principales aliados. Estoy convencido de que Dios y nuestros hijos demandarán cuentas de lo que nosotros hagamos o dejemos de hacer con respecto a las consecuencias de la visitación que vivimos en América Latina.

El segundo concepto tiene que ver con la "educación cristiana". Encuentro que los avivamientos que trascendieron en el tiempo fueron aquellos que se tradujeron en movimientos educativos.

El mejor de los ejemplos está constituido por la Reforma (iniciado el 31 de octubre de 1517) y que continúa teniendo efecto sobre nosotros casi quinientos años después de ocurrido. ¿Por qué? Porque se tradujo en un gran movimiento cultural, educativo.

Recordemos que el trabajo de Lutero no se redujo a presentar las noventa y cinco tesis en Wittemberg, sino que emprendió la tarea de traducir la Biblia al lenguaje del pueblo, para que pudiera ser leída por todos. Además, tampoco debemos olvidar la meta de Lutero, de poner una escuela en cada ciudad.[4]

Los efectos del Gran Despertar del siglo XVIII, así como los subsiguientes avivamientos, afectaron a los EE.UU. y llegaron a nosotros a través de las instituciones educativas fundadas como fruto de esos movimientos. De hecho, la gran mayoría de las instituciones educativas estadounidenses testifican del mover de Dios. Todos los colegios fundados en las colonias estadounidenses, anteriores a la guerra revolucionaria –excepto la Universidad de Pennsylvania– fueron fundadas por iglesias cristianas. El noventa y dos por ciento de los ciento ochenta y dos colegios y universidades establecidas antes de la guerra civil, fueron fundadas por denominaciones cristianas. La mayoría de colegios y universidades que hoy tienen un reconocido prestigio, comenzaron siendo escuelas cristianas.

El Colegio Harvard fue establecido en 1636, fundado como una institución teológica por una iglesia congregacional. Las universidades, Yale, Princeton, Columbia, Brown, Berkeley y muchas otras tienen orígenes cristianos. De manera similar, las grandes (y famosas) universidades europeas como Oxford, París, Cambridge, Heidelberg y Basel, tiene origen cristiano.

Tuve una experiencia sobrenatural extraordinaria, en la cual recibí la visitación del Señor Jesucristo, quien me reveló que la herramienta más poderosa, el arma más potente para tomar una Nación es la "educación cristiana". En 1986 fundamos el primero de nuestros colegios. Hoy tenemos el gozo de cooperar con la transformación de nuestro país a través del discipulado activo de los futuros líderes de la nación. Sueño con el día que demos inicio a una universidad que se especialice en enseñar una cosmovisión cristiana de progreso y servicio al prójimo basada en las enseñanzas de Jesús.

Sí, América latina necesita precisamente una reforma cultural, y el sitio ideal para realizarla son las aulas de los colegios y universidades.

La enseñanza de los principios que provienen de la Palabra de Dios traerá una revolución de la verdad a nuestra cultura. Los valores cristianos pasarán a formar parte de nuestra cultura y desplazarán a la antigua manera de pensar. Las virtudes propias de las enseñanzas de Cristo reformarán nuestras naciones.

Si conseguimos traducir el presente mover de Dios en América Latina en una reforma educativa, que tenga como meta a las futuras generaciones, se escribirá acerca de este tiempo como se ha escrito de los gloriosos movimientos del pasado.

"La gloria emancipadora del Gran Despertar ha hecho de la libertad cristiana, la igualdad cristiana y la fraternidad cristiana la pasión de la nación."[5]

Avivamiento, reforma y restauración

El avivamiento es una iniciativa divina

El *avivamiento* debe ser seguido de una interpretación, que consiga trasladarlo a conceptos prácticos que generen una *reforma* de la cultura y sus instituciones. Por supuesto, la reforma se produce inicialmente en la mentalidad de las personas. *"En cuanto a la pasada manera de vivir, despojaos del viejo hombre, que está viciado conforme a los deseos engañosos, y renovaos en el espíritu de vuestra mente, y vestíos del nuevo hombre, creado según Dios en la justicia y santidad de la verdad"* (Efesios 4:22-24).

Cuando los ministros del Evangelio comprendamos bien este concepto y lo apliquemos en nuestras congregaciones, la reforma irá tomando proporciones colectivas y se iniciará una masa crítica que resultará imparable.

El tiempo es corto, la oportunidad es única, y la urgencia muy grande. La iglesia necesita reaccionar y trabajar en pro de las soluciones para las necesidades tan grandes que nuestra sociedad enfrenta.

La reforma es una tarea de la iglesia

Permítame citar a R. C. Sproul, quien nos advierte acerca de la posibilidad de tener avivamiento sin reforma.

"La Reforma no fue un mero Gran Despertar; fue el más grande despertar del verdadero Evangelio desde la edad apostólica. Se trató de un avivamiento que demostró el poder de Dios para salvación. Es de notar que este período de la historia es conocido comúnmente como la Reforma y no el avivamiento. ¿Cuál es la diferencia entre avivamiento y reforma? Como la etimología de ambas palabras sugiere, el avivamiento describe la renovación de la vida espiritual, mientras que la reforma describe la renovación de las formas y las estructuras de la sociedad y la cultura. No es posible tener verdadera reforma sin tener primero verdadero avivamiento. La renovación de la vida espiritual bajo el poder del Espíritu Santo en una condición necesaria para la reforma, pero no es una condición suficiente para lograrla. Sin embargo, aunque no es posible tener

reforma sin avivamiento, si es posible tener avivamiento sin reforma. ¿Por qué? Hay por lo menos dos razones. La primera es que el avivamiento trae consigo la conversión de almas a Cristo, quienes al momento de la conversión, son bebés espirituales. Esos infantes tienen muy poco impacto en cuanto a dar forma a las instituciones culturales se refiere. Es solo cuando un gran número de personas convertidas llega a la madurez de su fe y santificación que las estructuras del mundo, son seriamente desafiadas y cambiadas. Si un gran número de personas se convierten pero permanecen en un estado de infancia en su crecimiento espiritual, es poco el impacto que pueden provocar en la sociedad. Tienden a guardar su fe en privado, y la mantienen confinada dentro del círculo meramente religioso.

"La segunda razón, tiene que ver con el alcance y la intensidad del avivamiento. Su impacto tiende a ser restringido a una pequeña área geográfica y también tiende a ser de corta duración. No obstante, puede tener pequeños riachuelos de influencia en las futuras generaciones."[6]

Me identifico plenamente con el pensamiento de Sproul y añado: es el tiempo del discipulado en América Latina, de un programa de discipulado serio que promueva el crecimiento y la madurez espiritual. Es el tiempo de comprender nuestro compromiso generacional. Tenemos una responsabilidad con las generaciones futuras. Ha llegado el momento de que el cristianismo abandone las cuatro paredes de la iglesia y se comprometa con la comunidad para ser verdaderamente *la luz del mundo y la sal de la tierra*.

El avivamiento vendrá acompañado de reforma cultural y restauración social, económica y política, cuando la Iglesia venza sus prejuicios y abrace a la comunidad donde se encuentra, liberando los dones que hoy tiene sentados en las bancas, para que vayan como misioneros, como apóstoles, como "enviados" a las áreas empresariales, políticas, académicas; es decir, al "mundo", para redimirlo para Cristo.

¿Qué podemos esperar? Si aplicamos la Palabra de Dios, no podemos esperar otra cosa que bendición. *"Y me dijo Jehová: Bien has visto; porque* yo apresuro mi palabra para ponerla por obra" (Jeremías 1:12).

La restauración será el fruto natural del avivamiento y la reforma.

La secuencia bíblica es la siguiente:

> *"Así que, arrepentíos y convertíos, para que sean borrados vuestros pecados; para que vengan de la presencia del Señor tiempos de refrigerio, y él envíe a Jesucristo, que os fue antes anunciado; a quien de cierto es necesario que el cielo reciba hasta los tiempos de la restauración de todas las cosas, de que habló Dios por boca de sus santos profetas que han sido desde tiempo antiguo"* (Hechos 3:19-21).

NOTAS

---

[1] *Experiencing revival*, Charles Finney; Whitaker House, 1984.

[2] Richard Owen Roberts publicó una bibliografía anotada acerca del tema del aviva-miento que contiene 5.983 títulos.

[3] *Rees Howells, Intercesor*, Norman Grubb; Centros de Literatura Cristiana, 1983.

[4] Lo que, por cierto, motivó la *contra-reforma*, origen de instituciones como la Compa-ñía de Jesús de los Jesuitas, quienes a la vez sobresalieron en el área de la educación.

[5] *Revivalism & Social Reform*, Timothy L Smith; The Johns Hopkins University Press, Baltimore and London, 1957; p. 7.

[6] R. C. Sproul, 1999, en la Introducción del libro *The Spirit of Revival*; Parrish, Archie & Sproul R. C., Crossway Books 2000; pp. 17-18.

Los poderes, la cosmovisión y el desarrollo de los pueblos

on el objeto de ilustrar la influencia de los poderes en la cultura (cosmovisión), incluyo la gráfica siguiente. Esta gráfica muestra que la cosmovisión se moldea dependiendo de los poderes imperantes sobre una región; lo que tiene, a su vez, un impacto directo en el desarrollo de los pueblos.

El libro *Discipulando naciones*, escrito por Darrow L. Miller, tiene un excelente capítulo y una excelente gráfica dedicada al tema de las diferentes cosmovisiones. Si bien mis conclusiones no son idénticas a las suyas, debo reconocer y agradecer su influencia. Usted podrá reconocer en mis conceptos algunas de las ideas de Miller.

Existen muchas diferentes cosmovisiones en el mundo, pero básicamente todas pueden clasificarse dentro de tres grandes temas inclusivos: el animismo, el teísmo y el humanismo secular.

Cosmovisiones

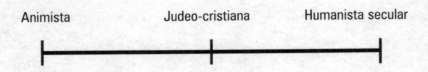

El secularismo ve la realidad como una fundamentalmente física. Para ellos la verdad es empírica. El método científico es su heredero natural. Solo existe aquello que puede percibirse por medio de los sentidos. No existen los absolutos; por lo tanto, la moral es relativa. El modernismo logró que estas ideas se convirtieran en lo que ahora se llama "humanismo secular". Aquí, la medida del universo es el hombre; el centro del universo es el hombre el hombre es dios.

El teísmo cristiano proviene de la cosmovisión judeo-cristiana. Nace en el Medio Oriente y percibe la realidad como una relación personal con Dios, el Creador de los cielos y la Tierra a través de Jesucristo. El cristianismo es el fruto de esa relación personal. Dios existe. Dios tiene un plan que incluye el universo que un día creó y continúa hoy unido a su creación, pendiente de su plan, y pendiente de las acciones de sus "embajadores" en el mundo. La verdad es una Persona, no un concepto; su nombre es Jesucristo. Dios, como Creador y poseedor del universo, ha dejado establecidos unos valores morales absolutos.

El animismo, cuya expresión moderna se llama la Nueva Era –y que, a propósito, no tiene nada de nueva– tiene sus raíces en el lejano oriente y se esparció por toda la Tierra a raíz de la salida de Babel. Una salida tan traumática, que forzó al hombre a atravesar montañas, abismos, lagos, ríos y mares, y a enfrentar fenómenos naturales desconocidos, que lo llevaron a "pactar" con los poderes con el objetivo de "apaciguarlos".

De allí que todas las culturas antiguas coincidan en el culto a los elementos básicos como el fuego y la lluvia y el rayo, entre otros. Para el animista el mundo depende de los espíritus. La verdad está escondida y es irracional.

Si le preguntamos al animista: "¿Hay un Dios?", podría contestarnos algo así: "Un Dios no... un millón de dioses".

Si se lo preguntamos al creyente cristiano, nos contestará: "Por supuesto que sí. Hay un Dios: Jehová, el Creador de los cielos y la Tierra".

Y si se lo preguntamos a un humanista secular, nos contestaría algo como esto: "No hay Dios; el hombre es dios".

Y estas posibles respuestas me hacen llegar a la segunda gráfica, en la que ilustramos a los poderes en base al politeísmo, monoteísmo y humanismo. Es decir, muchos dioses, un solo Dios y ningún dios.

Los poderes

Politeísmo   Monoteísmo   Humanismo

+

Un solo Dios

—

Ahora, si hacemos coincidir las dos gráficas anteriores, y pensamos en el estado de desarrollo de las naciones del mundo, nos encontraremos con algunos descubrimientos interesantes.

En una gráfica de campana, pondremos en el extremo superior a las naciones desarrolladas y veremos que coinciden con la cosmovisión teísta cristiana; las que poseen una cosmovisión donde hay una multitud de dioses o una ausencia de Dios, caen en la lista de naciones subdesarrolladas.

Desarrollo

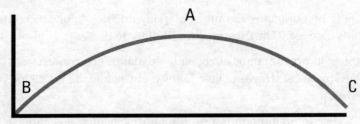

Subdesarrollo

A) Naciones como los EE.UU., Alemania, Suiza, Inglaterra, Corea del Sur, los países escandinavos, etc.

B) América Latina y naciones como India, Pakistán, Bangladesh, Tailandia.

C) Naciones como las que se llamaban antiguamente la "cortina de hierro": Rusia, Chechenia, la antigua Yugoslavia, y tantos países donde el comunismo propagó las ideas humanistas.

Nota: Debo advertir al lector que está gráfica indica un proceso, no algo estático. Las culturas son dinámicas y van cambiando, y esos cambios culturales seguramente producirán cambios en su situación natural. Países que comenzaron de una forma, pueden ir variando su cosmovisión y avanzando hacia una cultura y cosmovisión teísta cristiana, o bien, pueden también retroceder, cuando abandonan los valores absolutos.

Repito las gráficas, uniéndolas de manera que el lector pueda ver la interrelación de los tres elementos, poderes, cosmovisión y desarrollo.

Poderes

Cosmovisión

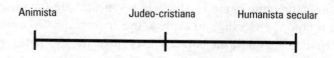

Desarrollo

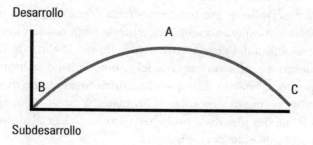

El lector observador seguramente se habrá dado cuenta ya de algunas excepciones, que omití a propósito para tratarlas por separado.

Naciones desarrolladas como Japón, Taiwán y Singapur figuran en la lista de naciones desarrolladas, pero no han tenido un avivamiento. ¿Cómo consiguieron entonces llegar al desarrollo?

Yo mismo me hice esta pregunta por años. Tal y como los que defendían la teoría de la dependencia, o la teoría geográfica, yo también tenía grandes excepciones en mi tesis. Cada vez que enunciaba mi teoría de que fue el avivamiento y la visitación del Espíritu Santo los que llevaron a Inglaterra, Alemania, Suiza, Estados Unidos y a las demás naciones desarrolladas a la prosperidad (y más importante aún, a derrotar a la pobreza), yo sentía que mi mente me recordaba el caso japonés como una gran excepción. Como ya dije antes, Japón no es un caso único. Muchos de los países asiáticos, que llegaron al desarrollo durante la segunda mitad del siglo XX, también son excepciones.

Nunca imaginé cómo recibiría la respuesta. Me tocó ir a predicar a Japón, y Cecilia, mi esposa, me acompañó. Tuvimos una experiencia maravillosa con los creyentes de ese país, que si bien no son numerosos, están profundamente comprometidos con el Señor. Al terminar nuestra conferencia, tuvimos un día libre. Así que decidimos realizar un viaje turístico por la ciudad de Tokio.

A medida que conocíamos la ciudad más nos sorprendíamos del nivel de desarrollo de ese país; más crecía dentro de mí la inquietud. Súbita e inesperadamente encontré la respuesta en los labios de la conductora del viaje turístico. Nos llevó a la torre de Tokio y allí comenzó a explicarnos acerca del confucionismo y shintoismo. Me impresionó cuando dijo que el confucionismo tiene tres mandamientos: no mentir, no robar y no matar. Y luego dijo, el shintoismo le añadió dos más: no beber (licor) y hacer al prójimo lo que quieres que él haga contigo.

La conductora no era exactamente una erudita en el tema, como yo tampoco lo soy, pero estas breves frases fueron suficientes para que yo captara que fueron los principios y valores culturales provenientes de la Palabra de Dios, los que llevaron a esas naciones orientales al desarrollo.

La explicación acerca de cómo se llevó a cabo la influencia de los poderes y cuándo requiere el estudio de la descendencia de Noé, y la migración de la que fueron objeto para establecerse sobre la Tierra a partir del diluvio.

Conclusión

Post tenebras lux...
Después de las tinieblas, la luz

Ese precisamente llegó a ser el lema de la Reforma. Y ese me parece el nombre ideal, para lo obtenido. Después de las tinieblas, la luz.

Cuando se ha vivido por tanto tiempo, como nosotros, bajo una cultura cuyos valores desincentivan el progreso, la estabilidad del Estado, la solidez del sistema de justicia, el libre mercado y tantas otras instituciones que han comprobado ser fuente de bendición para otras naciones, corremos el riesgo de pensar que el cambio simplemente no es posible. La complacencia y la apatía, junto con la natural resistencia al cambio, pueden terminar con la esperanza.

Pero acá es precisamente donde entra en acción el poder de **la visión**. Me doy cuenta que, en varios casos, el deseo de progresar, el deseo de lograr el desarrollo, se ha visto pronunciado en una nación, cuando sus habitantes tienen un modelo. Podríamos aseverar, sin miedo a exagerar, que Japón fue el modelo para los llamados "tigres del oriente". Japón había superado los inmensos problemas en los que quedó sumido después de la Segunda Guerra Mundial. Ver el progreso acelerado de Japón, indudablemente inspiró a sus vecinos. Entre ellos, Corea del Sur, donde, después de una guerra que dejó al país dividido y sumido en la pobreza, se levantó un movimiento de oración tan fuerte (mi amiga Karen Hurston, que lo vivió, lo llama "una época de desesperación divina"), que la Tierra fue visitada por un avivamiento, el balance de poderes fue modificado, y el país pasó del subdesarrollo al desarrollo en el período entre 1958 y 1988.

Así como Dios le dio una visión a Abraham para romper los paradigmas que lo mantenían detenido, así Dios nos ha dado una multiplicidad de testimonios y ejemplos de países en los cuales la Iglesia supo trasladar el avivamiento a una reforma nacional, propiciando la restauración.

Dios nos ha provisto de ejemplos naturales como el de Corea y los EE.UU., entre muchos. Hago mención de estos dos, porque Corea tiene un especial lugar en el corazón del Cuerpo de Cristo. No solamente ha sabido mantener el avivamiento de Dios, sino que lo ha aprovechado para influenciar a toda la nación. Hoy, de todos es sabido que Corea del Sur tiene varias de las iglesias más grandes del mundo. Mi amigo y mentor, el Dr. David Yonggi Cho, es un ejemplo de Pastor y de reformador en su nación.

Por el otro lado, los EE.UU., el vecino más próximo de América Latina, ha sido una fuente continua de inspiración; en cierta medida, debido a que conocemos un poco de su historia. Conocemos lo suficiente como para saber que la nación fue fundada sobre los principios de la Palabra de Dios y que la *"ética de trabajo"* –madre del *"sueño americano"*– es un producto directo de la cultura protestante.

Si estudiamos a un estadounidense y a un latinoamericano veremos que no hay diferencias en su cerebro, ni en su intelecto, ni en su amor por la vida ni en su búsqueda de la felicidad. Ni siquiera hay diferencia en cuanto al trato de Dios. Sí, es cierto que el norte ha tenido maravillosas visitaciones de Dios, pero no olvidemos que a veces lucen mayores, solo porque el paso del tiempo ha podido ponerlas en su debida perspectiva. Muchos coinciden en señalar que ni siquiera Jonathan Edwards, ni el gran avivamiento que vivió, fueron apreciados en su tiempo como lo son ahora.

Latino América está viviendo un tiempo de Dios. Está cayendo sobre el continente la lluvia temprana y la lluvia tardía. Así que no podemos encontrar diferencias, ni en el espíritu ni en el cuerpo. La única diferencia descansa sobre sus valores culturales, sobre *"la pasada manera de pensar"* y Efesios 4 nos manda a despojarnos de ella.

El proceso bíblico ordenado por Dios para su Iglesia es:

"En cuanto a la pasada manera de vivir, despojaos del viejo hombre, que está viciado conforme a los deseos engañosos, y renovaos en el espíritu de vuestra mente, y vestíos del nuevo hombre, creado según Dios en la justicia y santidad de la verdad" (Efesios 4:22-24).

No existe ninguna razón por la cual América Latina no sea capaz de salir del subdesarrollo y la pobreza. Dios ha hecho su parte, y espera que usted y yo hagamos la nuestra.

Palabra profética

"Es el tiempo de América Latina", dice el Señor.

"Hay una ventana de oportunidad delante de nosotros. Es un período de tiempo, concedido por la misericordia de Dios, en el cual la unción del Espíritu Santo reposará de una manera particular sobre el mensaje que su Iglesia proclame. La gracia, la gloria, la unción, han sido derramados sobre mi pueblo", dice el Señor. "La lluvia del Espíritu Santo ya ha sido enviada, ya ha venido a regar la Tierra. Los corazones y las mentes están prestas, están listas.

"¡Levántate!", dice el Señor, "toma la vara de la autoridad de Dios, toma la autoridad depositada en ese santísimo Nombre, ante el cual se dobla toda rodilla, en el cielo, en la Tierra y debajo de la Tierra; toma la espada del Espíritu que está en tu mano, en tu boca y en tu corazón, y levántate. Avanza en medio de las tinieblas, porque no podrán resistirte, porque Yo estoy contigo", dice el Señor Jehová de los Ejércitos.

"Echa mano de la vida eterna y haz lo que te venga a la mano, por que Yo estoy contigo. Usa todos los medios a tu alcance; úsalos sin temor, porque Yo proveeré todos los recursos que necesites.

"Yo levanto a mi Iglesia en un movimiento silencioso, libertador, que hará que el movimiento de Simón Bolívar quede pequeño, porque traeré unidad como nunca la soñaron, traeré bendición como no pueden imaginarla...

"Porque Yo he hablado y Yo lo haré", dice el Señor.

Guatemala, octubre de 2002

Bibliografía

Ahlstrom, Sydney E. *A Religious History of the American People*, Yale University Press, 1972

Arnold, Clinton E., *The Colossian Syncretism*, Baker Books, 1996

Arnold, Clinton E., *Powers of Darkness*, InterVarsity Press, 1992

Arnold, Clinton E., *Powes of Magic*, Baker Books, 1997

Batista, José D., *Un Continente en Busca de un Líder*, Editoriales CASA DE PAN, 2001

Bell, Marion L., *Crusade in the City*, Lewisburg Bucknell University Press, 1977

Boice, James Montgomery, *Foundations of God's City*, InterVarsity Press, 1996

Boettner, Loraine, *Roman Catholicism*, The Presbyterian and Reformed Publishing Company, 1962

Bradshaw, Bruce, *Bridging the Gab*, Marc, 1993

Budic, Domingo Valentin, *Los Techos Culturales y la Calidad de las Naciones*, Ediciones J. I. Geoghegan, 1996

Bushman, Richard L., editor, *The Great Awakening*, Chapel Hill, 1969

Cairns, Earle E., *An Endless Line Of Splendor*, Tyndale House Publishers, Inc., 1986

Carson, D.A., *A Call to Spiritual Reformation*, Baker Book House, 1992

Charlesworth, James H., *The Old Testament Pseudepigrapha*, Doubleday, 1983

Coalter, Milton J., Mulder, John M., Weeks, Louis B., *The Re-forming Tradition*, Westminster/John Knox Press, 1992

Coffin, Charles C., *The Story of Liberty*, Maranatha Publications, 1987

DiLorenzo, Thomas J., *The Real Lincoln*, Forum, 2002

Edwards, Jonathan, *The Freedom of the Will*, Soli Deo Gloria Publications, 1996

Edward, Jonathan, *Jonathan Edwards on Revival*, Billings & Sons Ltd. Worcester, 1991

Fukuyama, Francis, *The Great Disruption*, Touchstone, 1999

Gabriel, Ralph Henry, *The Course of American Democratic Thought*, The Ronald Press Company, 1956

Gaebelein, Frank E., *El Patrón de la Verdad de Dios*, ACSI Latinoamerica, 1998

Gildrie, Richard P., *The Profane, The Civil, & The Godly*, The Pennsylvania State University Press, 1994

Grondona, Mariano, *Bajo el Imperio de las Ideas Morales*, Editorial Sudamericana, 1987

Grondona, Mariano, *Las Condiciones Culturales del Desarrollo Económico*, Ariel Planeta, 1999

Hall, Edward T., *Beyond Culture*, Anchor Books a division of Random House, Inc., 1989

Hall, Edward T., *The Silent Language*, Anchor Books a division of Random House, Inc., 1990

Harrison, Lawrence E., Huntington, Samuel P., *Culture Matters*, Basic Books, 2000

Harrison, Lawrence E., Huntington, Samuel P., *La Cultura es lo que Importa*, Ariel Planeta, 2000

Harrison, Lawrence E., *El Sueño Panamericano*, Ariel, 1999

Harrison, Lawrence E., *Who Prospers? How Cultural Values Shape Economic and Political Success*, Basic Books, 1992

Heimert, Alan, *Religion and the American Mind*, Harvard University Press, 1966

Hood, Paxton, *Portraits of the Great 18th Century Revival*, Ambassador Productions Ltd, 1997

Hulse, Erroll, *Who are the Puritans?*, Evangelical Press, 2000

Hyun Lee, Sang and Guelzo, Allen C., *Edwards in Our Time*, William B. Eerdmans Publishing Company, 1999

Jones, Brynmor Pierce, *An Instrument of Revival*, Bridge Publishing Inc, 1995

Joyner, Rick, *Shadows of Things to Come*, Thomas Nelson Publishers, 2001

Kaiser Jr., Walter, *Revive us Again*, Broadman & Holman Publishers, 1999

Keillor, Steven J., *This Rebellious House*, InterVarsity Press, 1996

Kraft, Charles H. Anthropology for Christian Witness, Orbis Books, 1999

Lambert, Frank, *Inventing the "Great Awakening"*, Princeton University Press, 1999

Lambert, Frank, *Pedlar in Divinity*, Princeton University Press, 1994

Lapin, Rabbi Daniel, *America's Real War*, Multnomah Publishers, Inc, 1999

Lewis, H. Elwet, Morgan, G. Campbell, Neprash, I.V., *Glory Filled The Land*, International Awakening Press, 1989

Lingernfelter, Sherwood, *Agents of Transformation*, Baker Books, 1996

Lingernfelter, Sherwood, *Transforming Culture*, Baker Books, 1998

Lovelance, Richard F., *Dynamics of Spiritual Life*, Inter-Varsity Press, 1979

Marty, Martin E., *Righteous Empire: The protestant experience in America*, The Dial Press, 1970

May, Henry F., *The Enlightenment in America*, Oxford University Press, 1976

McCallum, Dennis, *The Death of Truth*, Bethany House Publishers, 1996

McClelland, David C., *The Achieving Society*, The Free Press, 1967

McDermott, Gerald R., *Jonathan Edwards Confronts the Gods*, Oxford University Press, 2000

McLoughlin, William G., *Revivals, Awakenings, and Reform*, The University of Chicago Press, 1978

Miller, Darrow L., *Discipling Nations*, Ywam Publishing, 1984

Miller, Darrow L., *Discipulando Naciones*, Producciones EMCOR. S.A., 2001

Miller, Dr. Edward, *Secretos del Avivamiento en Argentina*, Editorial Peniel, 1999

Murray, Iain H., *Revival &Revivalism*, The Spartan Press Limited, 1994

Orr, J. Edwin, *Campus Aflame*, International Awakening Press, 1994

Orr, J. Edwin, *My All His All*, International Awakening Press, 1989

Orr, J. Edwin, *The Eager Feet*, Moody Press, 1975

Orr, J. Edwin, *The Event of the Century*, International Awakening Press, 1989

Orr, J. Edwin, *The Fervent Prayer*, Moody Press, 1974

Orr, J. Edwin, *The Flaming Tongue*, Moody Press, 1973

Orr, J. Edwin, *The Light of the Nations*, The Paternoster Press, 1965

Orr, J. Edwin, *The Second Evangelical Awakening*, Marshall, Morgan & Scott, Ltd., 1949

Orr, J. Edwin, *Such Things Happen*, Marshall, Morgan & Scott, Ltd.

Overman, Christian, *Assumptiones that Affect our Lives*, Micah 6:8, 1996

Parrish, Archie, Sproul, R.C., *The Spirit of Revival*, Crossway Books, 2000

Phillips, Thomas, *The Welsh Revival*, WSOY – Book Printing Division, 1860

Rangel, Carlos, *Del Buen Salvaje al Buen Revolucionario*, Monte Avila Editores, 1992

Robertson, Darrel M., *The Chicago Revival, 1876: Society and Revivalism in a Nineteenth-Century City*, The Scarecrow Press, Inc. 1989

Roberts, Richard Owen, *Revival!*, Richard Owen Roberts, Publishers, 1991

Sandford, John Loren, *Healing the Nations*, Chosen Books, 2000

Schmidt, Alvin J., *Under The Influence*, Zondervan, 2001

Sen, Amartya, *Development as Freedom*, Anchor Books, 1999

Sen, Amartya, *Inequality Reexamined*, Harvard University Press, 1998

Sloan Douglas, *Faith & Knowledge*, Westminster John Knox Press, 1994

Smith, Timothy L., *Revivalism & Social Reform*, The John Hopkins University Press, 1980

Stassen Glen H., Yeager, D.m., Yoder, John Howard, *Authentic Transformation*, Abingdon Press, 1996

Stoll, David, *Is Latin America Turning Protestant?*, University of California Press, 1990

Thomas, George M., *Revivalism and Cultural Change*, The University of Chicago Press, 1989

Tuveson, Ernest Lee, *Redeemer Nation*, The University of Chicago Press, 1984

Tracy, Joseph, *The Great Awakening*, The Bath Press, 1842

Triandis, Harry C., *Culture and Social Behavior*, McGraw-Hill,Inc., 1994

Tuveson, Ernest Lee, *Redeemer Nation*, The University of Chicago Press, 1984

Vine, W.E., *Vine's Expository Dictionary of New Testament Words*, Riverside Book and Bible House,

Weber, Max, *The Protestant Ethic and the Spirit of Capitalism*, Routledge, 2000

Wink, Walter, *Engaging the Powers*, Fortress Press, 1984

Wink, Walter, *The Power That Be*, Doubleday a division of Random House, Inc., 1998

Wink, Walter, *Naming the Powers*, Fortress Press, 1984

Wink, Walter, *Unmasking the Powers*, Fortress Press, 1986

Zacharias, Ravi, Johnson, Kevin, *Jesús entre otros dioses*, Editorial Betania

Zahl, Paul F.M., *Five Women of the English Reformation*, Wm. B. Eerdmans Publishing Co., 2001

Un continente en busca de un líder

H ispanoamérica es pintoresca. Tiene un agudo sentido de humor y hace un chiste de su tragedia. Está llena de risa, alegría, dolor y frustración. El liderazgo, que ha sido el responsable de marcar el rumbo de nuestros países hacia el desarrollo, el bienestar y la esperanza, lejos de satisfacer la necesidad de los pueblos, ha hecho retroceder la esperanza de un futuro mejor.

Tres temas son analizados:

⊙ La **astucia**, como una máscara de poder.

⊙ La **democracia**, como la frustración de algo que no se vive plenamente.

⊙ La **moral**, como un elemento necesario para crear un nuevo esquema socio-económico.

La realidad del momento requiere un liderazgo nuevo, los habitantes de Latinoamérica gritan en busca de un líder no común que postergue sus apetencias personales para servir a su gente.

Más secretos para una vida de fe exitosa

DAVID YONGGI CHO

LA CUARTA DIMENSIÓN

volumen **2**

Más secretos para una vida de fe exitosa.

Peniel

Viaje junto al doctor Cho a través del Segundo Volumen de La Cuarta Dimensión y descubra...

- cómo moverse junto al Espíritu Santo.
- cómo ver claramente el resultado de nuestra oración.
- cómo arder en la visión del Señor.
- los instrumentos clave de la Cuarta Dimensión.
- el poder creativo del lenguaje.
- cómo vivir una exitosa vida de fe.

Dios te invita a soñar

Dios quiere transformar lo imposible en posible. Comenzar a creer el maravilloso sue o que Dios nos invita a so ar es el comienzo de una vida de realizaci n. Enam rate del sue o de Dios, abr zalo con todas tus fuerzas y te ver s remontando a nuevas alturas.

Lo posible puede ser hecho por todo el mundo; el desafío es probar que con Dios no hay imposibles